PANORAMA

1

PANORAMA

LECTURES FACILES

1

Jean-Paul Valette
Rebecca M. Valette

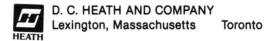

D. C. HEATH AND COMPANY
Lexington, Massachusetts   Toronto

Acknowledgments

The authors would like to express their appreciation to the following teachers who carefully reviewed the manuscript:

Natalie Goldschmidt, South Eugene H.S., Eugene, Oregon
Patricia McCann, Lincoln-Sudbury Regional H.S., Sudbury, Massachusetts

Editor: Anita Raducanu
Design: Tama Hochbaum, Josephine McGrath
Illustrations: Mel Dietmeier

Table des matières

To the Teacher   ix

To the Student   xi

Recognizing Cognates   xv

Premier niveau   STRUCTURES

1. Oui, vous comprenez le français!   mots apparentés   **2**

2. Les bruits français   les sons   **8**

3. Les jours de la semaine   les jours de la semaine   **12**

4. L'emploi du temps d'Olivier   les études   **14**

5. Bonjour, Véronique!   quelques verbes en -er   **18**

6. Quelles langues parlez-vous?   le présent   **22**

7. L'horoscope chinois   adjectifs de personnalité   **24**

8. La chasse à l'intrus   pays et nationalités   **30**

Deuxième niveau

STRUCTURES

9. Que dire?   le présent   **36**

10. Qui suis-je?   le présent: *être* et *avoir*   **40**

11. Astérix le Gaulois   le présent: verbes réguliers et irréguliers   **44**

12. Les animaux et leurs performances   les adjectifs: le superlatif   **50**

13. Le calendrier des fêtes françaises   le présent: verbes réguliers et irréguliers; le pronom *on*   **58**

14. Êtes-vous maître de vous?   les pronoms compléments d'objet   **66**

Troisième niveau

STRUCTURES

15. Le gâteau à l'orange — l'impératif — **74**

16. Les bonnes manières à table — l'impératif et les pronoms compléments — **80**

17. Le système métrique — quelques verbes irréguliers — **86**

18. Portrait d'un champion — la construction: verbe + infinitif — **92**

19. La découverte de Lascaux — le passé composé: introduction — **98**

20. La cité des fleurs — le passé composé: introduction — **106**

Quatrième niveau

STRUCTURES

21. Le jeu des quatre erreurs — le passé composé avec *être* et *avoir* — **114**

22. La tour Eiffel — le passé composé — **120**

23. Il arrive! — le passé composé — **126**

24. Chefs-d'oeuvre en péril — le passé composé — **132**

25. Le Marché aux Puces — le passé composé; l'imparfait: introduction — **138**

26. Un champion de la liberté: La Fayette (1757-1834) — le passé composé; l'imparfait: introduction — **146**

Les réponses correctes — **153**

Vocabulaire français-anglais — **157**

To the Teacher

Panorama 1 has been developed to help beginning French students build their reading skills and expand their vocabulary base at an early stage of instruction. Because of its carefully planned progression, *Panorama 1* can be started at the end of the first semester. It can also be used at the intermediate level to review basic structures and vocabulary and to build student confidence.

Organization of *Panorama 1*

Panorama 1 contains 26 lessons, which are divided into four levels according to the structures used in the readings.

Niveau 1: The present tense of **-er** verbs; the noun group; common expressions.

Niveau 2: The present tense of regular and irregular verbs; introduction to object pronouns.

Niveau 3: The imperative; object pronouns; introduction to the **passé composé.**

Niveau 4: The **passé composé**; introduction to the imperfect.

Within each *Niveau,* the readings are sequenced in order of length and difficulty. The grammatical focus of each selection is indicated in the table of contents and at the beginning of the reading. It is assumed that students can recognize and understand the corresponding structures before reading a given selection.

Organization of Each Lesson

Each lesson is built around a reading selection. To maintain high student interest, these selections cover a wide variety of topics and formats: cultural games, personality questionnaires and tests, human interest stories, biographical sketches, short historical narratives, etc.

Beginning with lesson 11, each selection is preceded by a short vocabulary section entitled "Préparation à la lecture." These sections contain a few important lexical items that will occur in the reading selection. These new words and expressions are presented in sentence context.

Most reading selections are followed by a comprehension activity entitled "Avez-vous compris?" These activities also offer a wide variety of formats: true–false statements, multiple choice, crossword puzzles, and interpretation activities. The function of these activities is to encourage the students to read the passage more than once so as to increase their reading fluency. The answers to the activities are found at the end of the book.

Each lesson contains one or two "Enrichissez votre vocabulaire" sections. These sections may focus on word families, topical vocabulary, or idiomatic expressions related to the general theme of the lesson. In the "Activités" that follow, the students are encouraged to use the new vocabulary in new contexts.

Teaching with *Panorama 1*

Building the reading skills

To develop good reading habits, the students should be encouraged to follow the suggestions contained in the preface to the student. Each selection should be read at least three times: a first time to obtain a general understanding of the topic, a second time with a closer look at the words and expressions that appear unfamiliar, and then a third time to make sure that the text has been well understood, at both the sentence and the paragraph level. Inasmuch as the purpose of *Panorama 1* is to build up the students' fluency in reading, translation should be discouraged. On the other hand, students should try to "guess" the meaning of new words (through inference from the context, cognate recognition, similarities with other French or English words based on the same roots, etc.). In general, students should use the end vocabulary only to make sure that their guesses are correct.

The selections themselves may be either presented and read in class or assigned as outside homework. The teacher may wish to read parts of the selection aloud to give the class additional listening practice. The comprehension activities may be done individually, in small groups, or with the entire class.

Building the vocabulary base

The lexical items that the students should add to their vocabulary base are contained in the sections entitled "Préparation à la lecture" (beginning with lesson 11) and "Enrichissez votre vocabulaire." These items are either presented in sentence context or grouped in such a way (by themes, word families, or cognate groups) that they are easy to remember. Teachers may wish to supplement the vocabulary-building activities in the text with exercises of their own to make sure that the students understand and use the new lexical items correctly. These exercises may range from structured completion exercises (to test the students' comprehension) to open-ended activities and guided compositions (to check whether students can use the items properly).

To the Student

The best way to acquire fluency in a new language is through frequent contact with that language. The more you listen to a new language, the easier it becomes to understand conversations and to speak. And the more you read in the new language, the greater your reading comprehension and your writing ability. For your reading practice to be most effective, it should be an enjoyable experience: the language should not be too difficult for you and the topics should be interesting. The 26 selections of *Panorama 1* have been written to meet these objectives.

Reading and Understanding

There are several techniques you can use to improve your reading ability in French. Here are a few suggestions:

1. Read the title of the selection. Some titles are straightforward and tell you exactly what the subject of the reading is: "La tour Eiffel" or "Les animaux et leurs performances." Other titles may arouse your curiosity and raise questions that the selection should answer. For example, the title "Il arrive!" suggests that someone is arriving from somewhere. As you read the selection, you will want to discover who this person is and what kind of a trip the person took.

2. The next step is to read through the whole selection in order to get the general meaning. You may want to refer to the vocabulary glosses from time to time if there are key words that are unfamiliar to you. However, you should try to go through the entire reading without stopping too frequently, since your objective is to get a general overview of what the text is all about.

3. Once you have a general impression of what the author is saying, you should go back and read the selection sentence by sentence. To understand a sentence, it is first important to identify the *subject* (who is acting) and the *verb* (what action is being done). In French, as in English, the subject usually comes first and is followed by the verb. If you are not quite sure that you have found the subject of the sentence, you might look carefully at the ending of the verb: in French, the verb ending always reflects the nature of the subject (in person and number).

4. As you read more slowly, try to understand the meanings of unfamiliar words.

   a. You can *recognize* many words that have similar spellings and meanings in French and English. Words such as **automobile, restaurant, hôtel,** and **cinéma** are called *cognates.* But you should be careful because cognates are pronounced differently in the two languages and often have slightly different meanings. The English word "theater," for instance, refers to a place where a movie is shown or where a play is performed. In France, the word **théâtre** refers only to a place where plays are performed.

   As you learn to recognize cognates and as you become familiar with cognate patterns, you will find that your reading fluency will improve. (Common cognate patterns are presented in a special section beginning on page xv.)

   b. In some cases a French word may have an English cognate but may correspond to another more common noncognate word. For example, **commencer** is related to the verb "to commence," but corresponds more closely to the verb "to begin." Similarly, **employer** means "to employ," but the more common English equivalent is "to use." In such cases, the English cognate may remind you of the meaning of the French word.

   c. You should also be aware of *false cognates.* These are words that look alike in both languages but have different meanings. For example, **une lecture** is a "reading" (and not a "lecture"). If you encounter a cognate that does not seem to fit the general sentence context, look up its meaning in the end vocabulary: it may be a false cognate or a cognate with more than one meaning.

d. Often you can *guess* the meaning of an unfamiliar word from the context in which it is used. For example, you may not know the word **gare.** However, the meaning of the word becomes clear in the following context: "Suzanne arrive à la **gare.** Elle a un train dans dix minutes." (Since Suzanne has a train in ten minutes, she is most likely arriving at a train station.)

e. Sometimes you may also guess the meaning of an unfamiliar word by relating it to a word you already know. In a sentence like "Henri ne va pas aller au cinéma avec nous parce qu'il a beaucoup de travail," you can figure out the meaning of the word **travail** *(work)* by relating it to the more familiar word **travailler** *(to work).*

5. Once you have determined the meanings of unfamiliar words, you will be able to read a text sentence by sentence. However, you should avoid trying to establish a word-for-word correspondence between French and English phrases. Each language has its own expressions and images, and a word-for-word translation is usually awkward and often makes no sense at all. What is important is to find the meaning expressed in the whole sentence.

6. When you feel comfortable with the text, read it through one last time. You may even want to read it aloud to yourself. Remember that the sentences or expressions you thought clumsy or strange when compared to English do look right and sound fluent to the French speaker. Relax as you reread the selection and try to develop a feel for the way the French express themselves.

Recognizing Cognates

1. Identical cognates are easy to recognize because they are spelled (but not pronounced) the same in both languages.

un piano	*a piano*
un animal	*an animal*
une portion	*a portion*

2. Some cognates are nearly identical, with the exception that in one language they have a double consonant while in the other they have a single consonant.

un appartement	*an apartment*
la littérature	*literature*

3. There are many cognate patterns, that is, regular spelling changes between the two languages that make it easy to identify related words. Here are the main French-English cognate patterns with sample words taken from the reading selections.

	FRENCH ENDING	ENGLISH ENDING	EXAMPLES	
VERBS	-er	—	**passer**	*to pass*
	-er	-e	**arriver**	*to arrive*
	-er	-ate	**imiter**	*to imitate*
	-ier	-y	**copier**	*to copy*
	-ir	-ish	**finir**	*to finish*
VERBAL ENDINGS	-é	-ed	**inventé**	*invented*
	-é	-ated	**isolé**	*isolated*
	-ant	-ing	**amusant**	*amusing*
NOUNS	—	-e	**le texte**	*text*
	-e	—	**la victime**	*victim*
	-eur	-er	**le skieur**	*skier*
	-eur	-or	**le moteur**	*motor*
	-re	-er	**le centre**	*center*
	-ie	-y	**la pharmacie**	*pharmacy*
	-ique	-ic	**la musique**	*music*
	-iste	-ist	**le biologiste**	*biologist*
	-oire	-ory	**la victoire**	*victory*
	-té	-ty	**la nationalité**	*nationality*
ADJECTIVES	-e	—	**riche**	*rich*
	-ain(e)	-an	**mexicain**	*Mexican*
	-aire	-ary	**militaire**	*military*
	-aire	-ar	**populaire**	*popular*
	-el(le)	-al	**réel**	*real*
	-eux (-euse)	-ous	**dangereux**	*dangerous*
	-ique	-ical	**typique**	*typical*
	-ien(ne)	-ian	**canadien**	*Canadian*
	-iste	-istic	**optimiste**	*optimistic*
	-if (-ive)	-ive	**actif**	*active*

Place de la Concorde, Paris

Premier niveau

1

Oui, vous comprenez

Imaginez que vous voyagez en France. Vous voyez° les panneaux° suivants.° Vous comprenez leur signification,° n'est-ce pas?

comprenez = understand
see
signs; following; meaning

le français!

cinéma

GARAGE

TAXIS

Autobus

Stade Municipal

PHARMACIE

16ᵉ ARR!

AVENUE
DU PRÉSIDENT KENNEDY

TÉLÉPHONE PUBLIC

TOILETTES
DAMES   MESSIEURS

NON À L'ÉNERGIE NUCLÉAIRE

Et maintenant, vous passez° chez le marchand de journaux.° Vous regardez les grands titres.° Est-ce que vous comprenez ces titres?

go by; newspaper vendor headlines

3,50 F

LE FIGARO

Paris, 100, rue Réa

DEUX COSMONAUTES SOVIÉTIQUES DANS L'ESPACE

La princesse Diana à Paris

NON AU NUCLÉAiRE!
100.000 personnes manifestent contre le développement de l'énergie nucléaire

ÉCONOMIE: **l'inflation continue**

La police arrête deux dangereux bandits à Marseille

France-Soir

Le Président de la République en visite officielle au Mexique

Un Australien, vainqueur du marathon de Paris

Avalanche dans les Alpes: 2 victimes

Coupe Davis: victoire de la France sur l'Italie

Football: Nice bat Strasbourg 3–1

Record de température: 28 degrés à Paris

ACTIVITÉ 1

Read the nouns in columns A and B carefully. Each noun in column A can be logically associated with a noun in column B. Pair these words according to the model.

A.

concert	**concert → musique**
1. animal	
2. science	
3. fruit	
4. musée	
5. restaurant	
6. pharmacie	
7. tennis	
8. famille	
9. automobile	
10. métal	

B.

a. touriste
b. raquette
c. musique
d. omelette
e. aspirine
f. banane
g. aluminium
h. physique
i. léopard
j. moteur
k. oncle

ACTIVITÉ 2

Imagine that you are looking through a French magazine. Read the following headlines and decide in which section each one would appear: **sports, politique, économie** *(business)*, or **faits divers** *(general interest stories)*. (Don't worry if you do not understand every word! You should still be able to choose the appropriate category for each article.)

	sports	politique	économie	faits divers
1. Borg et McEnroe, finalistes à Wimbledon				
2. Pétrole: la crise continue				
3. Exportations en progression de 12%				
4. Un boa s'échappe du zoo de Vincennes				
5. Les athlètes français victorieux à Copenhague				
6. Élections municipales le 18 mai prochain				
7. Championnats de rugby: l'Irlande bat la France 23–15				
8. Deux bandits attaquent une banque à Monaco				
9. «Non à la dévaluation» déclare le ministre des Finances				
10. 100.000 personnes au concert des Rolling Stones				

2

Les bruits français

bruits = *noises*

Écoutez l'horloge°! Qu'est-ce qu'elle dit°?
Cela° dépend de votre nationalité. Si° vous êtes américain, l'horloge dit «tick-tock», mais si vous êtes français, elle dit «tic tac».

clock; say
That
If

Voici comment on exprime° certains bruits en français.

you express

Une chanson: La cloche du vieux manoir

chanson = *song*
cloche = *bell*
vieux manoir = *old manor house*

Voici une chanson française. C'est une ronde.° (Vous connaissez° peut-être° cette chanson en anglais . . .[1])

round

know; maybe

La cloche du vieux manoir

(a) C'est la cloche du vieux ma-noir, du vieux ma-noir

(b) Qui sonne° le re-tour° du soir,° re-tour du soir

rings to announce; return; evening

(c) Ding   Dong   Dong   Dong   Ding   Dong

ACTIVITÉ

Sometimes we make noises to express certain feelings or to communicate. Look at the cartoons below. What would the characters say in an English cartoon?

1

2

[1]Oh, how lovely is the evening, when the bells are sweetly ringing, ding dong.

3

Les jours de la semaine

Entrée rue Beaubourg

Centre National d'Art et de Culture Georges Pompidou

Lundi à vendredi   12h-22h
Samedi-dimanche 10h-22h

Fermé le mardi
Closed on Tuesday Dienstag geschlossen chiuso il martedì.

Lundi, mardi, mercredi, jeudi, vendredi, samedi, dimanche . . . Vous connaissez° ces noms.° Ce sont les noms des jours de la semaine. *know; names*

Mais est-ce que vous connaissez leur° origine? Ces noms sont d'origine latine. (Le suffixe -*di* vient de° *dies,* qui signifie° «jour» en latin. *their / comes from; which means*

À l'exception du dimanche, chaque° jour est dédié° à un astre° particulier. *each; dedicated / star*

lundi:	jour de la lune°	*moon*
mardi:	jour de la planète Mars	
mercredi:	jour de la planète Mercure	
jeudi:	jour de la planète Jupiter	
vendredi:	jour de la planète Vénus	
samedi:	jour de la planète Saturne	

Dimanche est le jour du Seigneur° (*dies dominicus,* en latin). En France, c'est le dernier° jour de la semaine. *Lord / last*

ACTIVITÉ

On a current calendar, check on which day of the week the following dates or events will occur this year.

▷ mon anniversaire   **Mon anniversaire est un jeudi.**

1. le 1ᵉʳ (premier) janvier
2. la Saint-Valentin
3. l'anniversaire de ma mère
4. la Fête des Mères (Mother's Day)
5. le 4 juillet
6. Noël
7. le 31 décembre

4

L'emploi du temps d'Olivier

emploi du temps
= *daily schedule*

Olivier Descroix habite à Versailles. Il a quatorze ans et va au Collège de Clagny. (En France, le collège est une école secondaire qui° correspond à la «junior high school» américaine.) — *that*

Olivier va au collège tous les jours,° sauf° le mercredi après-midi. (En France, il n'y a pas de classes le mercredi après-midi.[1]) Olivier a trente heures de cours° par semaine. Les cours commencent° le matin à huit heures et demie et finissent à cinq heures de l'après-midi, sauf le mardi où ils finissent à quatre heures. — *every day; except / classes / begin*

Les cours préférés° d'Olivier sont la biologie, l'anglais et l'espagnol. Aujourd'hui Olivier a un cours d'anglais le matin et un cours d'espagnol l'après-midi. Regardez bien l'emploi du temps d'Olivier. Quel jour sommes-nous? — *favorite*

[1]Dans certaines régions de France, les élèves ont des cours le samedi matin. Par contre *(On the other hand)*, le mercredi est un jour de congé *(day off)*.

Emploi du temps

Élève: *Olivier Descroix* Classe: *quatrième*

	LUNDI	MARDI	MERCREDI	JEUDI	VENDREDI	SAMEDI
8ʰ30	anglais	anglais	dessin°	espagnol	anglais	
9ʰ30	maths	maths	histoire	français	sport	
10ʰ20	///////// récréation° /////////////////					
10ʰ35	français	sport	musique	histoire	maths	
11ʰ30	espagnol	sport		anglais	travaux manuels°	
14ʰ00	physique	anglais		géographie	travaux manuels	
15ʰ00	physique	français		français	biologie	
16ʰ00	français			maths	espagnol	

dessin *art*   récréation *recess*   travaux manuels *shop*

L'école secondaire en France

école	âge moyen°	classe	
	11 ans	sixième (6e)	*average*
collège	12 ans	cinquième (5e)	
	13 ans	quatrième (4e)	
	14 ans	troisième (3e)	
	15 ans	seconde (2e)	
lycée	16 ans	première (1ère)	
	17 ans	terminale	

diplôme: **Baccalauréat**

ACTIVITÉ 1
Imagine that you are writing a letter to Olivier. Describe your school life by completing the following sentences.

1. Je vais _____. (à quelle école?)
2. Je vais à cette école tous les jours sauf le _____ et le _____.
3. J'ai _____ heures de cours par semaine.
4. Les cours commencent le matin à _____. Ils finissent à _____.
5. Mes cours préférés sont _____.
6. Aujourd'hui j'ai un cours de _____ le matin.

Enrichissez votre **VOCABULAIRE**

Les études

Les langues
le français
l'espagnol (m.)
l'anglais (m.)
l'italien (m.)
l'allemand (m.) (German)
le russe

Les sciences
les maths
la biologie
la chimie (chemistry)
la physique (physics)
les sciences naturelles

**Les disciplines littéraires
et les sciences sociales**
la littérature
l'histoire (f.)
la géographie
les sciences économiques (economics)

Les études artistiques
le dessin (drawing)
la céramique
la musique
la peinture (painting)
la photo

Les sports
la gymnastique
l'éducation physique
la natation (swimming)

Les études pratiques
la dactylo (typing)
la sténo (shorthand)
l'informatique (f.) (computer science)
la mécanique
les travaux manuels (shop)
l'auto-école (f.) (driver's education)

ACTIVITÉ 2
On a separate sheet of paper, prepare your own class schedule in French.

5

Bonjour, Véronique!

Je m'appelle Véronique et j'ai seize ans. J'habite à Tours et je vais au Lycée° Balzac.

Voici ma photo. Je suis blonde et j'ai les yeux° bleus. Je ne suis pas très grande mais je suis assez° athlétique. J'aime les sports. Mes sports préférés° sont le ski en hiver et le tennis et la planche à voile° en été. Je joue assez bien au tennis et en planche à voile je ne suis pas trop mauvaise.

J'ai une mobylette.° Le week-end, je fais souvent des promenades° à la campagne° avec mes amis. J'ai beaucoup d'amis et j'aime sortir° avec eux. Mais parfois,° je préfère être seule°!

Est-ce que j'ai des projets d'avenir°? Oui et non . . . J'aimerais° voyager parce que j'aime l'aventure. J'aimerais visiter l'Égypte et l'Amérique du Sud.° Je ne sais pas° si° je vais aller à l'université après° le lycée. J'aimerais travailler pour° avoir mon indépendance. Pour moi, l'indépendance est une chose absolument essentielle! Et pour vous?

High School

eyes

rather

favorite

wind-surfing

moped, motorbike
often go for rides; country
to go out; sometimes; alone, by myself
plans for the future
would like
South; don't know; if
after; in order to

Enrichissez votre **VOCABULAIRE**

Quelques activités

chanter	*to sing*
danser	*to dance*
écouter	*to listen to*
étudier	*to study*
jouer	*to play*
marcher	*to walk*
nager	*to swim*
regarder	*to watch, to look at*
travailler	*to work*
voyager	*to travel*

ACTIVITÉ

Faites votre auto-portrait. Pour cela *(that)*, complétez les phrases *(sentences)* suivantes *(following)*.

Je suis . . .
- grand / grande *(tall)*
- petit / petite
- de taille moyenne *(of average height)*

Je suis . . .
- brun / brune *(dark-haired)*
- blond / blonde
- roux / rousse *(redheaded)*

J'ai les yeux . . .
- bruns *(brown)*
- bleus
- gris *(gray)*
- verts *(green)*

J'aime . . .
Je n'aime pas . . .
- les sports
- le cinéma
- la nature
- les animaux
- la musique
- la musique classique
- les films d'aventures
- les comédies musicales
- la solitude
- la violence

J'adore . . .
J'aime beaucoup . . .
Je n'aime pas . . .
Je déteste . . .
J'aimerais . . .
Je n'aimerais pas . . .
- danser
- chanter
- étudier
- voyager
- travailler le week-end
- jouer au football
- marcher sur la plage *(beach)*
- nager quand il fait froid
- travailler pendant *(during)* les vacances
- étudier en France
- voyager seul / seule
- être indépendant / indépendante

Boîte à lettres

Boîte à lettres =
Mailbox

young

is looking for

who likes

same

all

to exchange

postcards

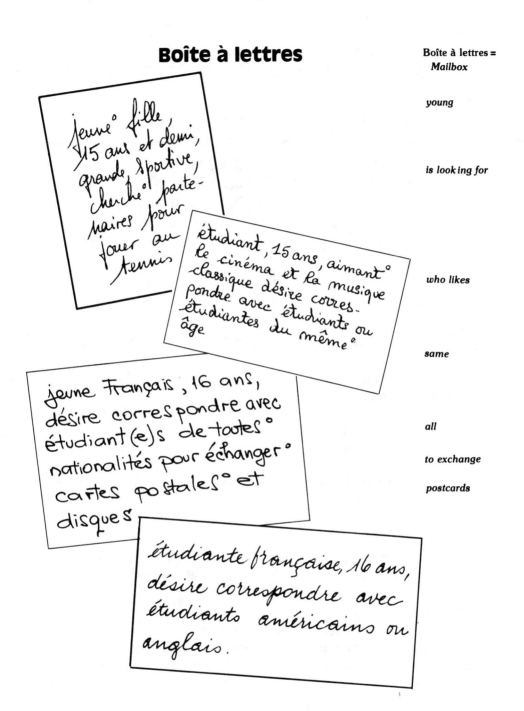

jeune° fille,
15 ans et demi,
grande, sportive,
cherche° parte-
naires pour
jouer au
tennis

étudiant, 15 ans, aimant°
le cinéma et la musique
classique désire corres-
pondre avec étudiants ou
étudiantes du même°
âge

jeune Français, 16 ans,
désire correspondre avec
étudiant (e)s de toutes°
nationalités pour échanger°
cartes postales° et
disques

étudiante française, 16 ans,
désire correspondre avec
étudiants américains ou
anglais.

À VOTRE TOUR

(It's your turn)

Imaginez que vous cherchez des correspondants *(pen pals)*. Composez votre annonce *(ad)*.

6

Quelles langues parlez-vous?

Quelles langues =
Which languages

En France, l'étude° des langues est obligatoire.° La majorité des jeunes° Français étudient deux langues: une première° langue pendant° six ans et une seconde langue pendant trois ou quatre ans. La langue la plus° populaire est l'anglais (66%), puis° viennent° l'allemand (19%), l'espagnol (12%) et l'italien (2%).

study; required
young; first
during
the most
then; come

Plusieurs° jeunes Français ont répondu° à la question: «Quelle langue étudiez-vous et pourquoi?»

Several;
answered

Pascal (16 ans)

J'étudie l'anglais parce que je veux° travailler dans l'hôtellerie.° Dans cette activité, l'anglais est indispensable.

want
hotel business

Mélanie (15 ans)

Avec la télévision, le téléphone, l'ordinateur,° nous sommes continuellement en contact avec le reste du monde.° Aujourd'hui une personne qui ne parle pas plusieurs langues est comme un infirme.° Moi, j'étudie l'anglais et l'espagnol.

computer
world
handicapped person

Didier (16 ans)

J'étudie l'allemand en° première langue. L'allemand est une langue assez° difficile, mais c'est une excellente préparation pour étudier les autres° langues. J'étudie aussi l'anglais et l'espagnol.

as
rather
other

Brigitte (15 ans)

J'étudie l'anglais parce qu'avec l'anglais j'ai plus° de chances de trouver° un travail° intéressant. Regardez les petites annonces° dans les journaux°! Aujourd'hui les entreprises° recherchent° des candidats qui parlent une ou deux langues.

more

to find; job

want ads; papers; firms

look for

ACTIVITÉ

Pourquoi le français? On peut *(One can)* étudier le français pour des raisons *(reasons)* très différentes. Voici une liste de raisons possibles. Choisissez (. . . ou inventez) quatre raisons.

J'étudie le français parce que . . .

1. un jour j'espère *(hope)* visiter la France.
2. j'espère habiter et travailler dans un pays francophone *(French-speaking country)*: France, Québec, Belgique, Suisse, etc. . . .
3. le français est une langue utile *(useful)* dans beaucoup de professions.
4. l'étude des langues est un exercice intellectuel intéressant.
5. l'étude d'une langue étrangère *(foreign)* est obligatoire à mon école.
6. l'étude d'une langue étrangère est obligatoire si *(if)* je veux aller à l'université.
7. mes amis étudient aussi le français.
8. le français est une langue internationale qui est parlée par *(spoken by)* des millions de personnes dans le monde *(world)*.
9. les personnes qui parlent plusieurs langues sont généralement plus *(more)* intéressantes que *(than)* les personnes qui ne parlent que *(only speak)* leur *(their)* langue maternelle *(native)*.
10. la connaissance *(knowledge)* du français fait partie de *(is part of)* la culture générale.
11. ma famille est d'origine française.
12. j'admire la culture française.

7

L'horoscope chinois

chinois = *Chinese*

Pour la majorité des gens,° l'année° commence° le premier janvier et finit le 31 décembre. Mais pas pour tout le monde°! Pour les Chinois, par exemple,° l'année commence en février. Chaque° année correspond à un animal différent. Il y a l'année du rat, l'année du buffle,° l'année du tigre, etc. . . . Au total, douze animaux sont représentés dans le calendrier chinois. D'après° l'horoscope chinois, vous avez la personnalité de l'animal de l'année où vous êtes né(e).°

people; year; begins
everyone
for instance
Each
water buffalo

According to
born

⚜ ⚜ ⚜ ⚜ ⚜

Regardez cet horoscope. Quel est l'animal qui correspond à l'année de votre naissance°? Avez-vous la personnalité de cet animal?

birth

ANNÉES	ANNÉE CHINOISE	VOTRE PERSONNALITÉ

Année du Rat

1960
1972
1984

Le rat a beaucoup d'amis. Il est sentimental mais il est souvent capricieux. Il a un tempérament artistique.

ANNÉES	ANNÉE CHINOISE	VOTRE PERSONNALITÉ

Année du Buffle

1961

1973

1985

Le buffle est un animal patient et méthodique. Il aime travailler mais il n'aime pas prendre° de risques.

to take

Année du Tigre

1962

1974

1986

Le tigre est un animal indépendant. Il n'aime pas la discipline. Il adore voyager.

Année du Chat

1963

1975

1987

Le chat est un animal calme et prudent.° Il aime la compagnie des autres° animaux. C'est un diplomate.

cautious

other

Année du Dragon

1964

1976

1988

Le dragon a beaucoup de talent. C'est un animal actif, mais têtu.°

stubborn

ANNÉES	ANNÉE CHINOISE	VOTRE PERSONNALITÉ

Année du Serpent

1965

1977

1989

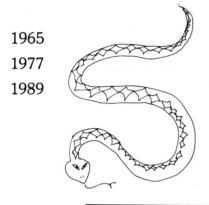

Pour la majorité des gens, le serpent a une mauvaise réputation, mais en Chine c'est un animal qui a beaucoup de qualités. Le serpent est intelligent. Il a de l'humour et il est généreux avec ses amis.

Année du Cheval

1966

1978

1990

Le cheval est un animal indépendant et très impatient. Il aime la compétition. Il aime surtout° la victoire.

above all

Année du Mouton

1967

1979

1991

Le mouton aime la liberté mais il est de nature pessimiste. Il hésite souvent et il n'aime pas prendre de risques. Il a un tempérament d'artiste mais il n'est pas très tolérant. Il est rarement content.

ANNÉES	ANNÉE CHINOISE	VOTRE PERSONNALITÉ

Année du Singe

1968
1980
1992

Le singe a une excellente mémoire. C'est un animal très intelligent.

Année du Coq

1969
1981
1993

Le coq aime parler. Il est brillant, mais il n'est pas toujours généreux.

Année du Chien

1970
1982
1994

Le chien a un aspect froid,° mais en réalité il est très généreux avec ses amis. C'est un champion de la justice.

cold

Année du Cochon

1971
1983
1995

Le cochon est un excellent compagnon.° C'est un animal sociable et franc.°

companion

frank, open

ACTIVITÉ 1
Faites votre auto-portrait en répondant *(by answering)* aux questions suivantes *(following)*.

	généralement **oui**	généralement **non**
Êtes-vous . . .		
sincère?	☐	☐
dynamique?	☐	☐
timide?	☐	☐
idéaliste?	☐	☐
réaliste?	☐	☐
optimiste?	☐	☐
pessimiste?	☐	☐
égoïste *(selfish)*?	☐	☐
sociable?	☐	☐
irritable?	☐	☐
indépendant / indépendante?	☐	☐
patient / patiente?	☐	☐
tolérant / tolérante?	☐	☐
prudent / prudente *(cautious)*?	☐	☐
loyal / loyale?	☐	☐
impulsif / impulsive?	☐	☐
émotif / émotive *(emotional)*?	☐	☐
ambitieux / ambitieuse?	☐	☐
généreux / généreuse?	☐	☐
sérieux / sérieuse?	☐	☐

ACTIVITÉ 2

Dites *(Say)* si *(if)* les choses *(things)* suivantes comptent *(count)* beaucoup pour vous.

	oui, c'est important	**oui,** c'est assez important	**non,** ce n'est pas important
ma famille	☐	☐	☐
mes amis	☐	☐	☐
mes études *(studies)*	☐	☐	☐
mes loisirs *(leisure-time activities)*	☐	☐	☐
la musique	☐	☐	☐
les sports	☐	☐	☐
l'argent de poche *(pocket money)*	☐	☐	☐

Les Garçons nés en Mai sont

Studieux
Courageux
Ambitieux
Ponctuels

Les Filles nées en Août sont

Délicates
Brillantes
Intuitives
Charmeuses
Impressionnables

À VOTRE TOUR

Choisissez un ami (une amie), un parent *(relative)* ou une personne que vous connaissez *(know)* bien. Déterminez en quelle année cette personne est née *(was born)*. Décrivez *(Describe)* la personnalité d'après l'horoscope chinois. Faites son portrait réel en utilisant *(by using)* les adjectifs de l'Activité 1.

8

La chasse à l'intrus

chasse = *hunt, chase*
intrus = *intruder*

Connaissez°-vous la France, sa géographie, ses produits,° ses coutumes°?

Voici un jeu°-test simple. Ce° jeu consiste à trouver° l'intrus dans les catégories suivantes.° Chaque° catégorie a cinq exemples: A, B, C, D et E. Quatre de ces exemples ont une caractéristique commune.° Le cinquième° n'a pas cette° caractéristique. C'est l'intrus.

know; products
customs
game; this; in finding
following; Each
common; fifth one; this

Combien d'intrus pouvez°-vous trouver?   *can*

1. Voici cinq villes. L'une de ces villes n'est pas située° en   *located*
   France. Quelle° est cette ville?   *What*
   A. Paris
   B. Marseille
   C. Lyon
   D. Bruxelles
   E. Bordeaux

2. Voici cinq pays.° L'un de ces pays n'a pas de frontière° com-   *countries;*
   mune avec la France. Quel est ce pays?   *border*
   A. l'Italie
   B. la Belgique
   C. la Suisse
   D. l'Espagne
   E. le Portugal

3. Voici cinq fromages.° L'un de ces fromages n'est pas   *cheeses*
   d'origine française. Quel est ce fromage?
   A. le camembert
   B. le gorgonzola
   C. le brie
   D. le roquefort
   E. le boursin

4. Voici cinq vins.° L'un de ces vins n'est pas d'origine française. *wines*
   Quel est ce vin?
   A. le champagne
   B. le bordeaux
   C. le bourgogne°   *Burgundy*
   D. le chablis
   E. le porto°   *port wine*

5. Voici cinq voitures. L'une de ces voitures n'est pas fabriquée° *made*
   en France. Quelle est cette voiture?
   A. une Renault
   B. une Alfa Romeo
   C. une Talbot
   D. une Citroën
   E. une Peugeot

6. Voici cinq sports. L'un de ces sports n'est pas pratiqué° en France. Quel est ce sport?

   practiced, played

   A. le tennis
   B. le ski
   C. le ski nautique
   D. le baseball
   E. le basketball

7. Voici cinq fêtes.° L'une de ces fêtes n'est pas célébrée en France. Quelle est cette fête?

   holidays

   A. Noël
   B. Pâques°

   Easter

   C. la Fête des Mères°

   Mother's Day

   D. le 4 juillet
   E. le 1er janvier

8. Voici cinq inventions importantes. L'une de ces inventions n'est pas d'origine française. Quelle est cette invention?

   A. la photographie
   B. le cinéma
   C. le stéthoscope
   D. l'avion°

   airplane

   E. le système métrique

Voici les intrus:

1-D. Bruxelles est la capitale de la Belgique.

2-B. Le Portugal a seulement° une frontière—la frontière avec l'Espagne.

only

3-B. Le gorgonzola est un fromage italien. (Aujourd'hui le camembert et le brie sont imités° dans d'autres° pays.)

imitated; other

4-A. Le porto vient du° Portugal. (Aujourd'hui les vins français sont imités aux États-Unis, en particulier le chablis et le champagne.)

comes from

5-B. Les Alfa Romeo sont des voitures italiennes.

6-D. Le baseball est pratiquement inconnu° en France.

unknown

7-D. Le 4 juillet est la fête nationale américaine. (Les Français célèbrent leur fête nationale le 14 juillet.)

8-D. L'avion a été inventé par° deux Américains: les frères Wright.

was invented by

Pays et nationalités

l'Amérique du Nord
le Canada	canadien (canadienne)
les États-Unis	américain
le Mexique	mexicain

l'Amérique du Sud
l'Argentine	argentin
le Brésil	brésilien (brésilienne)

l'Europe
l'Allemagne *(Germany)*	allemand
l'Angleterre *(England)*	anglais
la Belgique *(Belgium)*	belge
l'Espagne *(Spain)*	espagnol
la France	français
l'Italie	italien (italienne)
la Russie	russe
la Suisse *(Switzerland)*	suisse

le tourisme français
96, rue de la Victoire - 75009 Paris - Tél. 280.67.80
et dans toutes les agences de voyages.

l'Afrique
l'Égypte	égyptien (égyptienne)
le Libéria	libérien (libérienne)
le Sénégal	sénégalais

l'Asie
la Chine	chinois
l'Inde	indien (indienne)
Israël	israélien (israélienne)
le Japon	japonais

ACTIVITÉ

Lisez *(Read)* dans quelles villes les personnes suivantes *(following)* habitent. Dites *(Say)* quelle est leur nationalité.

⟫⟩ Carmen habite à Buenos Aires.   **Elle est argentine.**

1. Rolf et Peter habitent à Munich.
2. Suzanne habite à Genève.
3. Silvia habite à Rome.
4. Boris habite à Moscou.
5. Catalina habite à Mexico *(Mexico City)*.
6. Christine habite à Québec.
7. Tatsuo est un garçon qui habite à Tokyo.
8. Mohamed habite au Caire.

Notre-Dame de Paris

Deuxième niveau

9

Que dire?

Que dire? = *What to say?*

Imaginez que vous êtes en France.

Qu'est-ce que vous dites° quand vous répondez au téléphone? Qu'est-ce que vous dites à un ami qui célèbre son anniversaire? Qu'est-ce que vous dites si vous marchez sur les
pieds° de quelqu'un°? Cherchez° la réponse° à ces questions
dans les illustrations suivantes°:

say

*feet; someone;
Look for;
answer
following*

Voici maintenant différentes situations. Qu'est-ce que vous dites dans chacune *(each)* de ces situations?

1. Vous êtes à un match de football. L'équipe° de votre école marque° un but.°   *team / scores; goal*
2. Demain votre cousin Henri va avoir vingt ans.
3. Votre meilleur ami va passer un mois en Angleterre. Vous allez avec lui à l'aéroport. Il monte dans° l'avion.   *gets on*
4. Votre cousine Sylvie annonce qu'elle va se marier.°   *to get married*
5. Un ami va passer° un examen très difficile.   *to take*
6. Vous êtes dans l'autobus. Vous marchez sur les pieds de quelqu'un.
7. Vous rentrez chez vous. Vous remarquez° des flammes qui sortent de la maison de votre voisin.°   *notice / neighbor*
8. Vous êtes bloqué(e)° dans un ascenseur.°   *trapped; elevator*
9. Vous avez rendez-vous° avec votre meilleur ami à dix heures. Vous regardez votre montre. Il est onze heures!   *a date*

Les verbes *marcher* et *passer*

Les verbes **marcher** et **passer** ont plusieurs sens *(several meanings)*. Notez le sens de ces verbes.

marcher	*to walk*	J'aime **marcher.**
		Mon grand-père **marche** avec une canne.
	to step (on)	Attention! Ne **marche** pas sur la queue *(tail)* du chat!
	to work, to function	Zut! La télé ne **marche** pas!
	to be (turned) on	La radio **marche.**
passer	*to pass, to come by*	À quelle heure **passe** l'autobus?
	to go by	Je vais **passer** chez mon ami après la classe.
	to go (by, through)	**Passez** par ce boulevard.
	to spend (time)	Nous allons **passer** une semaine à Paris.
	to take (a test)	Pierre n'est pas là. Il **passe** son examen de français.

partout *everywhere*

ACTIVITÉ

Répondez aux questions suivantes.

1. Aimez-vous marcher? Où allez-vous? Combien de kilomètres (ou de milles) marchez-vous par jour?
2. Avez-vous une chaîne-stéréo? Est-ce qu'elle marche bien?
3. Est-ce que le chauffage *(heat)* marche aujourd'hui?
4. En général, où passez-vous vos vacances? Où est-ce que vous allez passer les prochaines *(next)* vacances?
5. Allez-vous passer un examen cette semaine? Quel examen?

10

Qui suis-je?

B

A

Regardez les cinq illustrations. Pouvez°-vous identifier ces illustrations? Lisez° les descriptions suivantes.° Dites° à quelle illustration correspond chaque° description.

Can
Read; following;
* Say*
each

1. Mon père est un très grand° peintre,° mais mon identité est un mystère. Je suis italienne, mais j'habite en France. Quel âge est-ce que j'ai? Euh . . . j'ai cinq cents ans! Mais je suis jeune et je suis très belle. J'ai des millions d'admirateurs.° Êtes-vous un de mes admirateurs?

famous; painter

admirers

2. Je suis une très grande dame.° J'ai 300 mètres de haut.° J'habite à Paris. Tous les Parisiens ne m'aiment pas. Certains° trouvent° que je suis trop visible. Pourtant,° pour des millions de gens,° je suis le symbole de la ville. Un jour, si vous visitez Paris, dites-moi bonjour!

lady; I am 300
* meters tall.*
Some people;
* think;*
* However*
people

3. Quelle est ma nationalité? Mon père est un sculpteur français. Donc° je suis d'origine française, mais aujourd'hui je suis le symbole du peuple° américain. Un jour, je suis allée° à New York et je suis restée° là-bas. J'habite dans une petite île.° Qu'est-ce que j'ai dans la main°? Une torche! La torche de la liberté qui illumine le monde.°

Therefore
people
went; stayed
island; hand
world

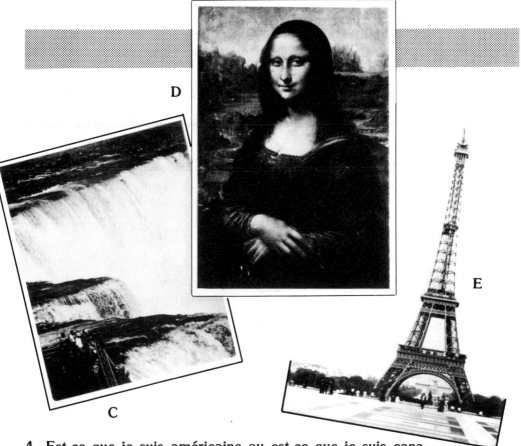

D

E

C

4. **Est-ce que je suis américaine ou est-ce que je suis cana-dienne? Je suis les deux°! Je suis une merveille° de la nature. Chaque année,° des milliers° de touristes me rendent visite. Mais attention! Je suis dangereuse! Si vous me rendez visite un jour, n'approchez pas trop près°! Je suis aussi une impor-tante source d'énergie. Grâce à° moi, des millions de gens peuvent° regarder la télévision quand ils rentrent chez eux le soir.**

both; wonder

Every year; thousands

Don't get too close

Thanks to

can

5. **Mon nom? Je m'appelle Marianne. Mon âge? Oh là là, vous êtes curieux! J'ai entre° 20 et 30 ans . . . Mon adresse? J'habite dans toutes° les mairies° de France. Pourquoi? Parce que je suis le symbole de la République française!**

between

all; city halls

Vérifiez vos réponses:

5-A. **Marianne**
4-C. **Les chutes du Niagara**
3-B. **La statue de la Liberté**
2-E. **La tour Eiffel**
1-D. **La Joconde ou «Mona Lisa»**

AVEZ-VOUS COMPRIS ? La «Mona Lisa» est probablement la peinture *(painting)* la plus célèbre *(most famous)* du monde *(in the world)*. Dans quel musée est cette peinture? Pour trouver son nom, complétez les phrases *(sentences)* suivantes par des mots *(words)* du texte. Mettez *(Put)* ces mots dans les cases *(boxes)* correspondantes.

1. Puerto Rico est une _ _ _ de l'Atlantique.

2. Le monument le plus haut° de Paris s'appelle   *tallest*

   la tour _ _ _ _ _ _.

3. Paris est la plus grande _ _ _ _ _ de France.

4. Le soleil° est une _ _ _ _ _ _ _ d'énergie.   *sun*

5. L'artiste qui fait des sculptures est un

   _ _ _ _ _ _ _ _ _.

6. Les chutes du Niagara sont une _ _ _ _ _ _ _ _ _ _

   de la nature.

7. Un artiste qui fait des tableaux° est un _ _ _ _ _ _ _ _.   *paintings*

8. Les habitants d'un pays forment un _ _ _ _ _ _ _.

Quelques verbes en *-fier*

Un certain nombre de verbes anglais qui *(that)* finissent en *-fy* correspondent à des verbes français en **-fier.**

identifier → *to identify*   Peux-tu *(Can you)* **identifier** ce garçon sur cette photo?

vérifier → *to verify, to check*   **Vérifiez** cette addition!

ACTIVITÉ 1 Trouvez les verbes français qui correspondent aux verbes anglais entre *(in)* parenthèses. Complétez les phrases *(sentences)* avec la forme appropriée de ces verbes.

1. *(amplify)* Un microphone . . . les sons *(sounds)*.
2. *(signify)* Qu'est-ce que ce verbe . . . ?
3. *(justify)* La violence ne . . . pas la violence.
4. *(modify)* Les personnes intolérantes ne . . . pas leurs opinions.
5. *(simplify)* Les machines . . . notre existence *(life)*.
6. *(clarify)* Tu ne comprends *(understand)* pas? Bien! Je vais . . . ma position.
7. *(certify)* Nous . . . que cette histoire *(story)* est vraie *(true)*.
8. *(notify)* Le professeur . . . aux élèves qu'il y a un examen demain.

Visiter et *rendre visite*

On utilise *(uses)* **visiter** avec les choses *(things)* et **rendre visite à** avec les personnes.

Marc **visite** Québec.
Nous **rendons visite à** nos amis canadiens.

ACTIVITÉ 2 Complétez les phrases avec la forme appropriée de **visiter** ou de **rendre visite à.**

1. Janine . . . sa cousine.
2. Je . . . l'appartement de mon oncle.
3. Vous . . . le laboratoire.
4. Tu . . . la directrice du musée.
5. Monique et Hélène . . . leurs amis.
6. Monsieur Leblanc . . . le Mexique.
7. Charles et Denis . . . la cathédrale d'Orléans.
8. Tu . . . ton professeur.

Les noms suivants *(following)* sont dans le texte que vous allez lire *(to read)*. Notez le sens *(meaning)* de ces noms.

la force

> La **force** est l'énergie, la vigueur physique ou morale. En général, les boxeurs ont beaucoup de **force**.

une bande dessinée

> Les **bandes dessinées** sont des séries de dessins humoristiques. *Doonesbury, Garfield* et *Peanuts* sont des **bandes dessinées** très populaires aux États-Unis.

un défaut

> Un **défaut** est le contraire *(opposite)* d'une qualité. Est-ce que la curiosité est une qualité ou un **défaut**?

un siècle

> Un **siècle** est une période de cent ans. Aujourd'hui, nous sommes au vingtième **siècle**.

un ennemi

> Un **ennemi** est le contraire d'un ami.

From LES LAURIERS DE CÉSAR, by Goscinny and Uderzo.
© Dargaud Éditeur 1972

11

From ASTÉRIX EN HISPANIE, by Goscinny and Uderzo.
© Dargaud Éditeur 1969

Astérix le Gaulois

Connaissez°-vous Astérix?   know

C'est un petit homme blond avec des grandes° moustaches.   big

Il est très petit, mais il est très musclé, très intelligent et très courageux.

Astérix est d'une force exceptionnelle. Son secret est une potion magique préparée par le druide[1] Panoramix. Quand Astérix boit° un peu de cette potion, ses forces sont multipliées par cent.   drinks

Bien sûr, Astérix n'est pas une personne réelle. C'est le héros de la bande dessinée la plus° populaire en France. Au-   the most
jourd'hui ses aventures passionnent° 50 millions de Français.   captivate
Qui ne connaît° pas Astérix? Son portrait orne° les posters,   know; decorates
mais aussi les enveloppes° de chewing-gum, les livres de classe,   wrappers
les pare-chocs° des voitures.   bumpers

Quelle est l'origine de cette popularité? C'est simple. Ce petit homme moustachu représente assez° bien le caractère na-   rather
tional français. Il est aventureux, brave, astucieux.° Il est aussi   resourceful
irritable, impatient, agressif et vaniteux.° Avant tout,° il est in-   vain; Above all
dépendant. Astérix correspond à l'image que les Français ont d'eux-mêmes.° Il a leurs qualités . . . et leurs défauts!   of themselves

---

[1]Druids were the priests in ancient Celtic societies.

Astérix représente aussi l'esprit de la France en lutte contre° ses ennemis. Astérix vit° au premier° siècle avant Jésus-Christ.° À cette époque° la Gaule (c'est l'ancien nom de la France) est occupée par° les légions romaines.° Astérix est Gaulois. Les Romains sont donc° ses ennemis mortels . . . Une légion romaine est signalée° près du village où habite Astérix. Notre héros prend un peu de potion magique et il va à l'attaque de l'ennemi. Crac! Boum! Zap! En une minute la légion romaine est décimée.° Tous° les Romains sont prisonniers.

From LA SERPE D'OR, by Goscinny and Uderzo.
© Dargaud Éditeur 1962

Astérix connaît° d'autres° aventures. Avec son ami Obélix, il va à Rome où il rencontre° Jules César. Il va en Égypte où il rencontre Cléopâtre. Il va en Belgique, en Angleterre, en Allemagne, en Suisse . . . Chaque° aventure est le sujet d'un nouvel° album° et chaque album a un succès phénoménal.

From LES LAURIERS DE CÉSAR, by Goscinny and Uderzo.
© Dargaud Éditeur 1972

AVEZ-VOUS COMPRIS ? Lisez *(Read)* attentivement *(carefully)* les phrases *(sentences)* suivantes. Pour chaque *(each)* phrase, choisissez la terminaison *(ending)*—a, b ou c—qui correspond au texte que vous avez lu *(have read)*.

1. On peut° lire° les aventures d'Astérix dans . . .   *can; read*
   a. les manuels d'histoire ancienne.
   b. les livres de littérature française.
   c. les albums de bandes dessinées.

2. Astérix est . . .
   a. un personnage° historique.   *character*
   b. un héros de légende.
   c. la création d'un dessinateur.°   *artist*

3. Physiquement, Astérix est . . .
   a. grand et beau.
   b. petit et fort.°   *strong*
   c. grand et fort.

4. Les Français admirent Astérix pour . . .
   a. son indépendance.
   b. sa modestie.
   c. sa patience.

5. Les Gaulois et les Romains sont . . .
   a. des amis.
   b. des ennemis.
   c. des alliés.

6. Astérix prend un peu de potion magique . . .
   a. quand il a soif.
   b. pour augmenter° ses forces.   *to increase*
   c. pour empoisonner les Romains.

7. Obélix est . . .
   a. un chef° romain.   *leader*
   b. le cousin de Jules César.
   c. un ami d'Astérix.

Les adjectifs en -eux

Beaucoup d'adjectifs français se terminent *(end)* en **-eux.** Notez les formes de ces adjectifs:

	SINGULIER	PLURIEL
masculin	courag**eux**	courag**eux**
féminin	courag**euse**	courag**euses**

Un grand nombre d'adjectifs en **-eux** correspondent à des adjectifs anglais en *-ous.*

ambitieux	**furieux**
aventureux	**généreux**
courageux	**méticuleux**
curieux	**précieux**
dangereux	**superstitieux**

Voici d'autres *(other)* adjectifs en **-eux:**

amoureux	*in love*
astucieux	*astute, clever*
heureux	*happy*
malheureux	*unhappy, sad*
paresseux	*lazy*
vaniteux	*conceited, vain*

ACTIVITÉ Lisez les phrases suivantes et complétez-les avec l'adjectif du vocabulaire qui convient *(that fits)*. Soyez *(Be)* logique!

1. Il y a beaucoup d'accidents sur cette route. C'est une route très . . .
2. L'or *(Gold)* est un métal qui coûte cher. C'est un métal . . .
3. Pourquoi est-ce que Jacqueline regarde son horoscope? Est-ce que c'est parce qu'elle est . . .?
4. Albert et Florence ne sont pas contents. Ils sont . . .
5. Robert aime Catherine. Il est . . . d'elle.
6. La chambre de ma cousine est toujours en ordre. C'est une fille . . .
7. Monique et Anne sont très charitables. Ce sont des filles . . .
8. Vous n'aimez pas prendre de risques. Vous n'êtes pas . . .!
9. Ces élèves détestent étudier. Ils sont . . .

Décrivez *(Describe)* votre bande dessinée préférée *(favorite).* Qui sont les personnages? Quelle personnalité ont-ils? Pourquoi sont-ils populaires?

Les adjectifs suivants *(following)* sont dans le texte que vous allez lire *(to read)*. Notez le sens *(meaning)* de ces adjectifs.

grand ≠ petit

> Robert mesure 1 mètre 90. Il est **grand**.
> Philippe mesure 1 mètre 60. Il est **petit**.

lourd ≠ léger (légère)

> Le plomb *(Lead)* est un métal **lourd**.
> L'aluminium est un métal **léger**.

rapide ≠ lent

> Les Porsche sont des voitures **rapides**.
> En comparaison, les autobus sont des véhicules **lents**.

long (longue) ≠ court

> En été, les jours sont **longs**. Le 21 juin est le jour **le plus long** de l'année.
> En hiver, les jours sont **courts**. Le 21 décembre est le jour **le plus court** de l'année.

12

Les animaux et leurs performances

Vous connaissez° bien les animaux, mais connaissez-vous leurs performances? Répondez aux questions suivantes. Pour cela,° choisissez l'une des options, A, B ou C.

know

that

1. Quel est l'animal le plus grand?
   A. l'éléphant
   B. la girafe
   C. le chameau°

camel

2. Quel est l'animal le plus lourd?
   A. la baleine°
   B. le rhinocéros
   C. l'hippopotame

whale

3. Quel est l'animal le plus rapide?
   A. le cheval
   B. le chien
   C. l'antilope

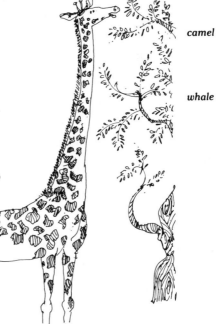

4. Quel est l'animal qui saute° le plus haut°?   *jumps; highest*
   A. le kangourou
   B. le dauphin°   *dolphin*
   C. la grenouille°   *frog*

5. Quel est l'animal qui saute le plus loin°?   *farthest*
   A. le kangourou
   B. le cheval
   C. le tigre

6. Quel est l'animal qui a la vie° la plus longue?   *life*
   A. l'éléphant
   B. le gorille
   C. la tortue°   *tortoise*

Vérifiez vos réponses:

1-A. Les éléphants africains peuvent° avoir une hauteur° de 4 mètres 20.   *can; height*

2-A. Les baleines sont des animaux gigantesques.° Une baleine adulte peut peser° 100 tonnes. C'est 20 fois° le poids° d'un éléphant.   *huge / weigh; times; weight*

3-C. Sur des courtes distances, l'antilope est l'animal le plus rapide: plus de° 100 kilomètres à l'heure. L'homme vient loin derrière°: Jim Hines, recordman du monde° du 100 mètres, court° à une vitesse° de 36 kilomètres à l'heure.   *more than; far behind / world; runs / speed*

4-B. Le dauphin est le champion du saut en hauteur°: 7 mètres. En comparaison, les meilleurs° athlètes du monde sautent seulement° 2 mètres 35.   *high jump / best / only*

5-A. Le kangourou est le champion du saut en longueur° avec un saut de 13 mètres. Là, les performances de l'homme ne sont pas trop mauvaises: le record du monde de Bob Beamon est de 8 mètres 90.   *broad jump*

6-C. Les tortues terrestres° vivent° 200 ans. (La tortue du Jardin° des Plantes de Paris y est entrée° en 1878. Elle avait 40 ou 50 ans.° Aujourd'hui, elle a 150 ans!)   *land; live; Garden / came there / was 40 or 50 years old*

Enrichissez votre **VOCABULAIRE**

Quelques animaux

un lapin

un écureuil

une tortue

un lézard

un serpent

un singe

un chameau

un cheval

une grenouille

un dauphin

une baleine

un requin

la tête

la queue

une patte

Quelques verbes

grimper	*to climb*
sauter	*to jump*
nager	*to swim*
courir	*to run*

 Le verbe **courir** est irrégulier. Notez les formes de ce verbe au présent.

Présent	je cours	nous courons
	tu cours	vous courez
	il / elle court	ils / elles courent

ACTIVITÉ

Lisez les descriptions suivantes et identifiez les animaux qui correspondent à ces définitions.

1. Ce sont des reptiles. Elles ont quatre pattes. Certaines *(Some)* sont très grandes. D'autres *(Others)* sont beaucoup plus petites. Les plus grandes vivent *(live)* dans l'océan. Ces animaux ne sont pas très rapides.
2. Cet animal vit *(lives)* aussi dans l'océan. On dit qu'il est dangereux. Parfois *(Sometimes)* il attaque l'homme! Faites attention à lui si vous nagez là où il passe!
3. Il a deux pattes et deux mains. C'est un animal très agile qui grimpe aux arbres *(climbs up trees)* de la forêt tropicale. Il est très intelligent.
4. Cet animal vit aussi dans les arbres. Il a une longue queue et mange des noix *(nuts)* avec ses pattes de devant.
5. Cet animal est long et il n'a pas de pattes. Il a mauvaise réputation. Pourtant *(However)*, il est utile *(useful)* dans les jardins *(gardens)*.
6. Elle est verte et elle a quatre pattes. Elle vit dans l'herbe *(grass)*, mais elle nage très bien. Elle saute très bien aussi.
7. Il vit en Afrique et en Asie. Parce qu'il boit peu, c'est l'animal idéal pour traverser *(to cross)* le désert.
8. Elles vivent dans l'eau, mais ce ne sont pas des poissons. Ce sont des animaux gigantesques. Elles sont grises ou bleues, mais la plus célèbre *(famous)* était *(was)* blanche.

Le roi des éléphants

roi = king

Connaissez-vous Babar? Babar est le roi des éléphants. C'est l'éléphant le plus célèbre du monde. Ses aventures sont décrites° dans de nombreux° albums: *Histoire de Babar, Babar et le père Noël, Le château de Babar, Le voyage de Babar* . . .

described;
numerous

Dans *Le voyage de Babar*, Babar voyage en ballon avec sa femme,° Céleste. Le voyage commence mal. Babar et Céleste arrivent dans une île° où ils sont prisonniers des sauvages.° Une baleine les transporte dans une autre île. La baleine oublie° ses amis. Babar et Céleste sont abandonnés. Heureusement° un bateau passe. Le capitaine prend les deux éléphants à son bord.° Babar et Céleste sont sauvés.° Ils arrivent en Europe, mais là ils sont obligés de travailler dans un cirque.° Finalement Babar et Céleste rentrent dans leur pays . . .

wife
island
savages
forgets
Fortunately
on board
saved
circus

Hélas, pendant° l'absence de Babar, les rhinocéros ont   *during*
déclaré la guerre° aux éléphants. Babar, le roi des éléphants, *war*
désire la paix,° mais Rataxès, le roi des rhinocéros, veut° la *peace; wants*
guerre. Le jour de la bataille° approche. Que faire? Babar a une *battle*
idée: il peint° la queue des éléphants en rouge. Il peint aussi *paints*
d'énormes° yeux° sur le dos° des éléphants. Les rhinocéros sont *huge; eyes; back*
terrifiés par cette vision. Ils croient que° les éléphants sont des *think that*
monstres. Ils abandonnent le champ° de bataille. Les éléphants *field*
sont victorieux.

Babar n'est pas très jeune. Il a plus de cinquante ans. Son
père, l'artiste français Jean de Brunhoff, a illustré° le premier   *illustrated*
album de Babar en 1931. À cette époque° cet album n'a eu   *At this time*
aucun° succès. Aujourd'hui, tous les enfants connaissent Babar, *had no*
le roi des éléphants.

À VOTRE TOUR

1. Décrivez *(Describe)* votre animal favori (son apparence physique, sa couleur, son caractère). Expliquez *(Explain)* pourquoi vous trouvez cet animal intéressant.
2. Décrivez un animal d'une bande dessinée *(cartoon)*.

Les mots suivants sont dans le texte que vous allez lire. Notez le sens de ces mots.

La santé est le contraire de la maladie *(sickness)*.

Quand on fait du sport, on reste généralement **en bonne santé.**

un roi, une reine

L'Espagne a un **roi:** le roi Juan Carlos.

L'Angleterre a une **reine:** le reine Élizabeth.

La fin est le contraire du commencement *(beginning)*.

Le 31 décembre marque la **fin** de l'année.

Un défilé est une sorte de parade ou procession.

Dans un **défilé militaire,** les soldats marchent dans les rues de la ville.

Dans **un concours,** différentes personnes entrent en compétition pour obtenir un prix *(prize)*.

Avez-vous participé à un **concours** photographique?

Une cloche est un instrument de bronze qui produit des vibra-

tions sonores. Ding . . . Dong! Ding . . . Dong!

Le feu est le produit d'une combustion.

Attention au **feu** quand vous faites un pique-nique dans la forêt!

Le feu peut être dangereux, mais les **feux d'artifice** ne sont généralement pas dangereux. Allez-vous assister *(to attend)* aux **feux d'artifice** du 4 juillet?

Une guerre est un conflit armé entre *(between)* plusieurs *(several)* nations.

Entre 1941 et 1945, des millions de soldats américains ont participé à la Seconde **Guerre mondiale.**

13

Le calendrier des fêtes françaises

fêtes = *holidays*

Le 14 juillet

Beaucoup de fêtes françaises sont d'origine catholique. Les autres° commémorent généralement un événement° historique.

others; event

Le Jour de l'An (1ᵉʳ janvier)

C'est le jour des bonnes résolutions et des visites familiales.° Ce jour-là, les jeunes Français rendent visite à leurs grands-parents et ils leur disent° «Bonne année et bonne santé». Les grands-parents donnent des «étrennes», c'est-à-dire° de l'argent, à leurs petits-enfants.

family

say

that is to say

La fête des Rois (6 janvier)

Cette fête commémore l'arrivée des trois rois mages° à Bethléhem. Ce jour-là, on mange un gâteau spécialement préparé. Ce gâteau s'appelle la «galette° des rois». Il contient° un petit objet de porcelaine qui s'appelle la «fève».° La personne qui trouve la fève est roi ou reine pour un jour.

Wise Men

flat cake; contains "bean"

La Chandeleur° (2 février)

Cette fête catholique commémore la présentation de Jésus au Temple et la purification de la Vierge Marie. Ce jour-là, il est traditionnel de manger des crêpes.

Candlemas

Mardi Gras (en février ou en mars)

Mardi Gras est la fête de la bonne humeur.° Cette fête marque la fin de la période du Carnaval. Pendant° cette période, de nombreuses° festivités sont organisées: défilés dans les rues, concours de chars fleuris,° bals costumés . . .

good spirits
During
numerous
floats

Le premier avril

Ce n'est pas vraiment° une fête, mais un jour réservé aux plaisanteries° et aux mystifications.° En classe, la plaisanterie traditionnelle consiste à découper° un poisson dans du papier et à accrocher° ce poisson dans le dos° d'un autre élève . . . ou du professeur!

really
jokes; hoaxes
cut out
hook; back

Pâques° (en mars ou en avril)

Dans toutes les églises de France, les cloches sonnent° joyeusement. Dans la tradition populaire, ces cloches reviennent° d'un long voyage à Rome. Leur retour annonce la grande fête de Pâques. Ce jour-là, on offre aux enfants des oeufs° et des animaux en chocolat.

Easter
ring

are coming back

eggs

La fête du Travail° (1er mai)

Les Français célèbrent la fête du Travail le premier mai. Ce jour-là, on offre du muguet° à ses amis. Pour les Français, le muguet est une fleur qui porte bonheur.°

Labor Day

lily-of-the-valley
brings luck

Le 14 juillet

En France, le 14 juillet est le jour de la fête nationale. Cette fête commémore un événement important de la Révolution française: la prise° de la Bastille[1] par les Parisiens révoltés contre° l'autorité royale. Le matin de ce jour-là, on assiste° au défilé militaire. Le soir, on va voir les feux d'artifice et on danse dans les rues.

seizing
against;
*   watches*

La Toussaint° (1er novembre)

La Toussaint est la fête du souvenir.° L'après-midi, on va au cimetière° pour honorer les morts° de sa famille.

All Saints' Day
remembrance
cemetery; dead

Le 11 novembre

Le 11 novembre est une fête commune aux Français et aux Américains. Cette fête commémore en effet° l'armistice de 1918 et la victoire des Alliés sur l'Allemagne pendant la Première Guerre mondiale.° C'est une fête patriotique où l'on honore la mémoire des soldats morts pendant cette terrible guerre.

as a matter of
fact

World War I

[1]The Bastille was a fortress that served as a state prison. On July 14, 1789, it was stormed by the people of Paris, who considered it a symbol of royal tyranny.

From BABAR AND FATHER CHRISTMAS, by Jean de
Brunhoff.* Copyright 1940 by Random House Inc. and
renewed 1968 by Random House Inc., and Cecile de
Brunhoff. Reprinted by permission of the publisher.
*Translated by Merle Haas

Noël (25 décembre)

Noël est la grande fête de la famille. Les familles catholiques célèbrent cette fête en allant° à la messe° de minuit. Après cette messe, on prend un repas° léger° qui s'appelle «Le Réveillon». Traditionnellement, on mange des huîtres° et on boit du champagne. La nuit de Noël, les petits enfants mettent leurs chaussures dans la cheminée.° C'est en effet cette nuit-là que le père Noël passe dans les cheminées pour donner des présents aux enfants sages.°

by going
Mass
meal; light
oysters
fireplace
well-behaved

AVEZ-VOUS COMPRIS ?

Chaque *(Each)* fête est célébrée d'une manière *(way)* différente. Analysez les situations suivantes. Utilisez *(Use)* ces informations pour dire *(to say)* quelle fête est célébrée et quel jour nous sommes.

1. Il est neuf heures du soir. Michèle et ses amis sont dehors.° Ils regardent le ciel.° Soudain,° on entend une explosion. Le ciel est illuminé. «Oh, la belle rouge! Et la belle bleue! Et la belle verte!»

   outside
   sky; Suddenly

2. Regardez Raymond! Il porte un pantalon noir, une veste noire, un chapeau noir . . . avec une tête de mort.° À la main° il a un pistolet. Mais où va-t-il? Au bal masqué, bien sûr!

   skull and cross-bones; In his hand

3. Madame Dupin est au supermarché. Elle achète des oeufs, de la farine,° du lait, du sucre . . . C'est pour les crêpes de ce soir.

   flour

4. «Bonsoir, Guillaume! Dors° bien!» Mais Guillaume, quatre ans, ne dort pas. Il sort de son lit° et va regarder ses chaussures qui sont dans la cheminée. Il pense: «Quand est-ce qu'il va venir? Et qu'est-ce qu'il va m'apporter°?»

   Sleep
   gets up
   to bring me

5. Madame Leblanc a préparé° un gâteau pour ses enfants et les amis de ses enfants. Il y a cinq garçons et cinq filles à table. Janine vient de trouver° quelque chose° dans sa portion de gâteau. «J'ai la fève!» «Bravo, Janine! C'est toi la reine!»

   prepared
   has just found; something

6. «Cinq francs le muguet! Cinq francs le muguet!» Jean-Claude achète du muguet à la marchande.° Ce soir il va offrir ce petit bouquet à sa fiancée.

   from the vendor

Quelques verbes en *-er*

Un certain nombre de verbes anglais qui finissent en *-ate* correspondent à des verbes français en **-er.**

commémorer → *commemorate*

Le 4 juillet **commémore** la déclaration de l'indépendance américaine.

séparer → *separate*

Le Rio Grande **sépare** le Mexique des États-Unis.

ACTIVITÉ 1 Lisez les phrases en faisant *(paying)* attention aux verbes en caractères gras *(boldface type)*. Formez l'infinitif de ces verbes et utilisez-les dans des phrases de votre choix.

1. Sylvie **décore** sa chambre avec des posters de ses musiciens préférés.
2. J'**hésite** à répondre parce que je ne comprends pas bien votre question.
3. Oui, nous **participons** au championnat de tennis.
4. Cette firme **crée** beaucoup de nouveaux produits.
5. Henri a tort. Ne l'**imitez** pas!
6. Thomas a couru *(ran)* un 10.000 mètres. Maintenant, il **récupère.**
7. Je ne **tolère** pas l'injustice.
8. Je ne te crois pas. Tu **exagères**!
9. Est-ce que les professeurs **apprécient** toujours les efforts des élèves?
10. Vous m'**irritez** avec vos remarques absurdes.

POUR DÉCORER VOTRE INTÉRIEUR

TAPISSERIES

Quelques occasions à célébrer

Une fête

En général, une fête est l'occasion joyeuse de célébrer un certain événement. En France, par exemple, on célèbre la **fête nationale** le 14 juillet. On honore sa mère le jour de la **Fête des Mères** . . .

Les Français célèbrent leur **fête** le jour de la fête de leur saint patron. Par exemple, les garçons qui s'appellent Jean célèbrent leur fête le 24 juin. Les filles qui s'appellent Thérèse célèbrent leur fête le 15 octobre. Ce jour-là, on dit à ces personnes «**Bonne fête!**»

Une **fête de famille** est une cérémonie familiale. Les mariages, les anniversaires sont des fêtes de famille.

Une fête peut être aussi un événement privé qu'on organise pour ses amis. Est-ce que vous aimez **donner des fêtes**?

Un anniversaire

Anniversaire vient du mot latin *annum* qui signifie **an**. L'**anniversaire** est la commémoration **annuelle** d'un certain événement. En 1989, les Français vont célébrer le 200ème anniversaire de la Révolution française.

On célèbre l'**anniversaire** d'une personne le jour où cette personne est née *(was born)*. On dit à cette personne «**Joyeux anniversaire!**» À cette occasion, on offre à cette personne un cadeau *(gift)*.

Une surprise-partie

Une **surprise-partie** est une fête où on écoute de la musique et où on danse. Les jeunes Français préfèrent employer le mot **surboum** ou **boum**.

ACTIVITÉ 2 Répondez aux questions suivantes.

1. Quelle est la date de votre anniversaire? Est-ce que vous allez organiser une fête pour cette occasion?
2. Quel cadeau allez-vous offrir à votre meilleur ami pour son anniversaire? Et à votre meilleure amie?
3. Quand est-ce que les Américains célèbrent leur fête nationale? Quel événement est-ce que cette fête commémore?
4. Est-ce que vous aimez donner des fêtes chez vous? À quelles occasions? Qui invitez-vous?
5. Aimez-vous les surprises-parties? Pourquoi? Ou pourquoi pas?
6. Quel jour célèbre-t-on la Fête des Mères cette année? Quel cadeau allez-vous offrir à votre mère? Quel cadeau allez-vous offrir à votre père pour la Fête des Pères?

À VOTRE TOUR

Choisissez trois ou quatre fêtes célébrées aux États-Unis ou dans votre famille. Décrivez brièvement (briefly) ces fêtes.

Les verbes suivants sont dans le texte que vous allez lire. Notez le sens de ces verbes.

réagir

> **Réagir,** c'est avoir une réaction.
>
> Comment **réagissez**-vous quand quelqu'un vous insulte?

dormir

> Quand on est chez soi *(at home),* on **dort** dans son lit, mais quand on fait du camping, on **dort** sous *(in)* la tente.
> **Dormez**-vous bien ou mal?

aider

> **Aider,** c'est rendre un service à quelqu'un.
>
> Est-ce que vous **aidez** vos amis quand ils ont des problèmes? Est-ce que vous **aidez** vos parents à la maison?

raconter

> **Raconter** une histoire *(story),* c'est relater cette histoire.
> Aimez-vous **raconter** des histoires drôles?

prêter

> Paul veut *(wants)* aller au cinéma mais il n'a pas d'argent. Il demande de l'argent à son ami Jacques. Jacques lui **prête** 20 francs.
> Est-ce que vous **prêtez** vos disques à vos amis?

14

Êtes-vous maître de vous?

maître de vous = self-controlled

Dans l'existence° nous avons tous° nos petites contrariétés.° Certaines personnes réagissent alors avec calme. D'autres° personnes réagissent avec beaucoup d'irritation. Et vous, comment réagissez-vous?

life; all of us
annoyances
Other

Imaginez que vous êtes dans les circonstances suivantes. Pour chaque° situation, indiquez votre réaction.

each

			pas du	
Cette situation m'irrite . . .	un peu	beaucoup	tout°	*not at all*
	A	B	C	
1. Vous dormez bien. Quelqu'un vous téléphone à une heure du matin. C'est . . . une erreur°!	☐	☐	☐	*wrong number*

	un peu A	beaucoup B	pas du tout C	

2. Vos voisins° organisent une surprise-partie, mais ils oublient° de vous inviter. ☐ ☐ ☐   *neighbors*   *forget*

3. Vous avez rendez-vous° avec un ami pour aller au cinéma. Vous arrivez avec dix minutes de retard.° Votre ami ne vous attend pas et va au cinéma sans° vous. ☐ ☐ ☐   *a date*   *late*   *without*

4. Vous organisez un pique-nique. Vous demandez à un ami de vous aider. Il accepte, mais le jour du pique-nique il trouve une excuse et il ne vous aide pas. ☐ ☐ ☐

5. Vous racontez une histoire drôle,° mais vos amis ne vous écoutent pas. ☐ ☐ ☐   *funny story*

6. Vous invitez des amis à dîner. Vous préparez un excellent repas.° Une heure avant le dîner, vos amis vous téléphonent et vous disent° qu'ils ne peuvent pas° venir. ☐ ☐ ☐   *meal*   *tell*   *cannot*

7. Pendant° un examen, un élève vous demande la réponse à une question. Vous refusez de l'aider. Il vous insulte. ☐ ☐ ☐   *During*

8. Vous êtes très généreux avec un ami. Vous lui prêtez vos disques, vos livres, vos magazines. Un jour, vous lui demandez un service, mais il refuse de vous aider. ☐ ☐ ☐

Interprétation:
Comptez *(Count)* un point pour chaque réponse A, deux points pour chaque réponse B et zéro point pour chaque réponse C. Faites le total de vos points.

- de 0 à 2 points — Vous êtes une personne calme, patiente . . . et indifférente. On ne sait jamais° ce que° vous pensez. — *never* / *what*

- de 3 à 5 points — Vous êtes une personne calme et prudente. Vos amis vous admirent parce que vous savez° contrôler vos réactions. — *know how*

- de 6 à 10 points — Vous êtes de nature généralement pacifique° . . . mais votre patience a des limites. La majorité des gens° réagissent comme° vous. — *peaceful* / *people* / *like*

- plus de 11 points — Vous avez une nature irascible.° Est-ce que vous êtes souvent de bonne humeur°? — *short-tempered* / *in good spirits*

Enrichissez votre **VOCABULAIRE**

La ponctualité

être à l'heure
Les personnes ponctuelles **sont** généralement **à l'heure.**

être en retard
Vous avez rendez-vous à dix heures. Si vous arrivez à dix heures 20, vous **êtes en retard. Vous avez 20 minutes de retard.**

être en avance
Au contraire *(On the contrary),* si vous arrivez à dix heures moins 20, vous **êtes en avance. Vous avez 20 minutes d'avance.**

ACTIVITÉ Analysez les situations suivantes et dites si les personnes sont en avance ou en retard. Dites aussi combien d'avance ou de retard elles ont.

1. La classe de français commence à onze heures. Nous arrivons à onze heures dix.
2. Jacques et ses amis vont voir un match de football. Ils arrivent au stade à une heure. Le match commence à deux heures.
3. Charles et Béatrice ont rendez-vous au café Balto à une heure et quart. Charles arrive à une heure et Béatrice arrive à une heure et demie.

Enrichissez votre **VOCABULAIRE**

Allô!

Comment téléphone-t-on en français? Notez les expressions en
caractères gras° dans les conversations suivantes.

boldface type

Un rendez-vous

Drin . . . drin . . .
— **Allô?**
— Allô, Janine? C'est Paul **à l'appareil.**°

on the phone

— Salut, Paul! Ça va?
— Oui, ça va. Dis, est-ce que tu veux aller au cinéma avec moi
ce soir? Il y a un film avec Jean-Paul Belmondo dans le
Quartier Latin.
— D'accord! À quelle
heure est le film?
— À huit heures et demie.
Je passe te chercher° à

get you

huit heures?
— Entendu.°

Okay.

— À ce soir° alors!

See you tonight

— Au revoir, Paul, et merci.
— Au revoir, Janine.

Un message

Drin . . . drin . . .
— Allô?
— Allô! Bonjour, Madame. **Ici** Vincent Lacombe. Est-ce que je
pourrais° parler à Nicole?

Could I

— **Un instant.**° Je vais voir° si Nicole est dans sa chambre. **Ne
quittez pas.**°

Just a moment; to see
Hold on.

(Quelques instants° plus tard)

Sometime

Allô, Vincent? Je suis désolée,° mais Nicole n'est pas ici.

sorry

— Est-ce que je peux **laisser un message**?
— Oui, bien sûr.
— Pouvez°-vous dire° à Nicole que l'examen d'anglais est
annulé?°

Can; tell
cancelled

— D'accord, je vais le lui dire.
— Merci, Madame.
— Au revoir, Vincent.

Une erreur

Drin . . . drin . . .
— Allô?
— Allô, Monsieur Thomas?
— **Pardon**?°   *Excuse me?*
— Je voudrais° parler à Monsieur Thomas, s'il vous plaît.   *would like*
— **Il n'y a pas de Monsieur Thomas ici.**
— Comment? **Ce n'est pas le** 56-21-42?
— Ici, **c'est le** 55-21-42.
— Excusez-moi. **C'est une erreur.**
— Il n'y a pas de mal.° Au revoir, Monsieur.   *There's no harm.*

À votre service

Drin . . . drin . . .
— **Allô, j'écoute.**
— Allô, «La Maison
   de la Photo»?
— Oui, Madame.
— Bonjour,
   Monsieur. Ici
   Madame Bazin.
   Est-ce que mes
   photos sont
   prêtes°?   *ready*
— **Ne quittez pas.** Je vais voir!
   (L'employé revient.)
   Allô? Oui, Madame. Vos photos sont prêtes.
— Merci beaucoup. Je vais passer les prendre cet après-midi.
— **À votre service,** Madame!

Composez plusieurs *(several)* petites conversations télé-phoniques sur les thèmes suivants et jouez les rôles cor-respondants.

1. Bernard invite Thérèse pour le concert de samedi prochain.
2. Jacques Langlois téléphone à Béatrice Morin pour lui dire qu'il ne peut pas jouer au tennis avec elle demain. Béatrice n'est pas chez elle. C'est sa mère qui répond.
3. Monsieur Camus veut téléphoner à Monsieur Robert, mais il fait un faux numéro *(wrong number)*.
4. Monsieur Martin téléphone au «Garage des Sports» pour savoir *(to know)* si sa voiture est prête. Un employé répond.

Troisième niveau

PARIS VIIÈME & VIIIÈME ARR.

Les verbes suivants sont dans le texte que vous allez lire. Notez le sens de ces verbes.

allumer

> Monsieur Henri **allume** sa pipe.
> Il fait noir *(It's dark)*. **Allume** la lampe, s'il te plaît!

couper

> On **coupe** le papier avec des ciseaux.
> Jacqueline **coupe** le pain.

verser

> Monsieur Rimbaud **verse** le champagne dans les verres.
> **Versez**-moi un verre de limonade, s'il vous plaît!

ajouter

> Cette sauce est très épaisse *(thick)*. **Ajoutez** un peu d'eau!
> Qu'est-ce qu'on obtient *(get)* quand on **ajoute** 2 et 3?

mélanger

> Le chimiste **mélange** des liquides différents.
> Pour obtenir du vert, on peut **mélanger** du jaune et du bleu.

Le gâteau à l'orange

Chers amis, bonjour!

Aujourd'hui, je vous propose une recette° simple, amusante et facile: la recette du gâteau à l'orange. Cette recette nous vient de la Louisiane, ou plus exactement° du pays «cajun».

Voici les ingrédients nécessaires pour cette recette:

pour faire le gâteau
1 orange
1 tasse° de raisins secs°
1/3 tasse de pecans (ou d'autres noix°)
2 tasses de farine°
1 tasse de sucre°
1 tasse de lait
1/2 tasse de margarine
1 cuillère à café° de sel°
1 cuillère à café de bicarbonate de soude°
2 oeufs

pour décorer le gâteau
1 orange
1/4 tasse de pecans (ou d'autres noix)
1/3 tasse de sucre
1 cuillère à café de cannelle° en poudre°

recipe

precisely

cup; raisins
nuts
flour
sugar

teaspoon; salt
baking soda

*cinnamon;
   powdered*

Voici les ustensiles:

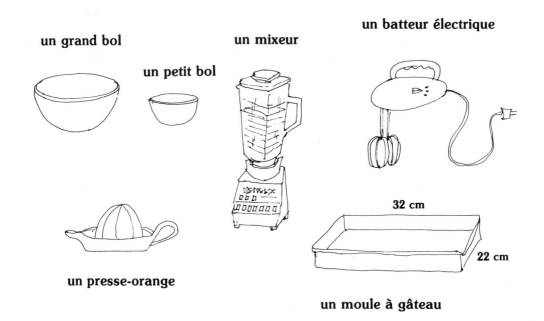

un grand bol

un petit bol

un mixeur

un batteur électrique

un presse-orange

32 cm

22 cm

un moule à gâteau

Êtes-vous prêt°? Voici la recette: *ready*

pour faire le gâteau

1. Allumez le four° à une température de 350° F.   *oven*
2. Coupez l'orange entière° (avec son écorce°) en 8 morceaux.°   *whole; rind; pieces*
   Enlevez° les pépins.° Mettez les morceaux d'orange dans le   *Remove; pits*
   mixeur et broyez°-les. Mettez l'orange broyée dans le petit   *grind*
   bol.
3. Broyez les pecans et les raisins secs dans le mixeur. Versez-
   les dans le petit bol avec la pulpe de l'orange.
4. Mettez la farine, le sucre, le sel et le bicarbonate de soude
   dans le grand bol. Ajoutez le lait et la margarine. Battez°   *Beat*
   pendant deux minutes.
5. Ajoutez les oeufs et battez pendant deux autres° minutes.   *another two*
6. Versez les raisins secs, les pecans et la pulpe d'orange dans le
   grand bol. Mélangez bien avec une grande cuillère.
7. Graissez° le moule à gâteau et saupoudrez° avec un peu de   *Grease; sprinkle*
   farine.
8. Versez la pâte° dans le moule.   *batter*
9. Mettez au four et laissez cuire° pendant 40 à 50 minutes.   *bake*

pour décorer le gâteau

1. Pressez° l'orange. Versez le jus d'orange dans un verre.° *Squeeze; glass*
2. Broyez les pecans.
3. Mélangez les pecans, le sucre et la cannelle.
4. Quand le gâteau est cuit,° démoulez-le° et mettez-le sur une *baked; remove it from the pan* assiette.° *plate*
5. Versez lentement° le jus d'orange sur le gâteau. *slowly*
6. Saupoudrez avec le mélange° de pecans, de sucre et de *mixture* cannelle.

Votre dessert est prêt! Bon appétit!

Le pays cajun

Le pays «cajun» correspond à la région des bayous au sud°-ouest de la Louisiane. (Le mot «cajun» vient du mot *south* français «acadien».) C'est dans cette région que des milliers° de Canadiens français, chassés° de leur pays par° *thousands; chased; by* les Anglais, ont trouvé° refuge il y a 200 ans.° Les Acadiens *found; 200 years ago* sont les descendants de ces Canadiens français. Ils ont gardé° leurs traditions, leurs coutumes° et leur langue,° *kept; customs; language* qui est le français.

Connaissez-vous la fameuse cuisine acadienne? Cette cuisine combine les principes de la cuisine française tradi-tionnelle avec des produits° locaux°: épices,° pecans, fruits *products; regional; spices* et légumes tropicaux, poissons, crustacés,° etc. . . . *shellfish*

AVEZ-VOUS COMPRIS ? Pour faire ce mot-croisé, trouvez le nom *(name)* des ingrédients correspondant aux définitions suivantes. Mettez ces noms dans leurs cases *(boxes)* respectives. (Tous ces ingrédients se trouvent dans la recette du gâteau à l'orange.) Attention: tous ces mots sont *au singulier* dans le mot-croisé.

HORIZONTALEMENT
2. On fait le yaourt avec ce liquide.
4. On utilise *(uses)* ce produit pour faire une omelette.
5. Une épice.
6. Sa formule chimique est NaCl.

VERTICALEMENT
1. Ce produit remplace le beurre.
3. Un produit dérivé de la canne.
4. Un fruit tropical.

Quelques fruits

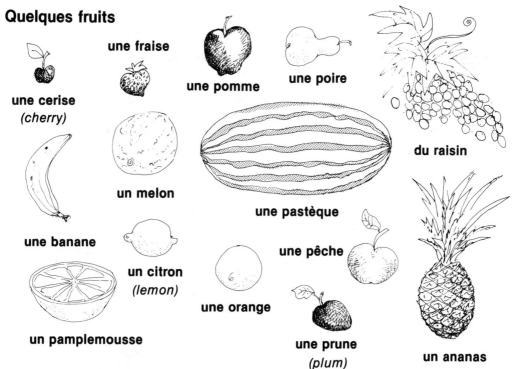

une fraise

une pomme

une poire

une cerise
(cherry)

du raisin

un melon

une pastèque

une banane

une pêche

un citron
(lemon)

une orange

un pamplemousse

une prune
(plum)

un ananas

▶▶ Notez les expressions suivantes:

le jus d'orange   **le jus de pamplemousse**
la confiture *(jam)* **de fraises**   **la confiture de cerises**
la glace à la cerise   **la glace au citron**
le gâteau aux poires   **le gâteau aux prunes**

ACTIVITÉ   Répondez aux questions suivantes.

1. Avec quel fruit fait-on le vin? le cidre?
2. Quels fruits peut-on utiliser *(use)* pour faire du jus?
3. Imaginez que vous préparez une salade de fruits. Quels fruits allez-vous utiliser?
4. Quels fruits trouve-t-on dans votre région?
5. Quels fruits trouve-t-on en Californie? en Floride? à Porto Rico?

À VOTRE TOUR

Décrivez votre recette favorite.

Les verbes suivants sont dans le texte que vous allez lire. Notez le sens de ces verbes.

apporter

Nous sommes au restaurant. Le garçon *(waiter)* **apporte** le menu.

Est-ce que vous **apportez** vos disques quand vous allez à une surprise-partie?

poser

Poser signifie mettre.

Jacqueline **pose** ses livres sur la table.

garder

Jean n'aime pas dépenser son argent. Il le **garde** à la banque.

Monique est une personne discrète. Elle **garde** les secrets de ses amis.

refuser

Refuser est le contraire d'accepter ou de vouloir *(to be willing)*.

Je suis obligé de **refuser** ton invitation. J'ai trop de travail ce soir.

Henri **refuse** d'aller à la piscine avec nous.

utiliser

Utiliser signifie employer.

Quand j'écris, j'**utilise** un crayon et du papier.

remercier

Remercier signifie dire merci.

Je vous **remercie** de votre hospitalité.

16

Les bonnes manières à table

Si un jour vous êtes invité(e) à dîner dans une famille française, vous devrez° respecter les règles° de la politesse française. Voici quelques conseils°:

- Habillez-vous° correctement,° surtout° si c'est votre première invitation.
- Arrivez à l'heure.°
- Apportez un petit cadeau° à la maîtresse de maison.° Offrez-lui par exemple des fleurs.° (Les fleurs sont toujours très appréciées en France!)
- Ne vous asseyez° pas le premier à table.
- Ne commencez° pas à manger avant la maîtresse de maison.
- Posez les mains sur° la table. Ne les gardez pas sous° la table.

will have to; rules
some advice
Dress; properly; especially

on time

gift; lady of the house
flowers

sit

start

on; under

- Ne posez pas les coudes° sur la table.   *elbows*
- Ne mangez pas votre pain sec.° Mangez-le avec les autres   *all by itself*
  aliments.°   *food*
- Ne coupez pas le pain avec votre couteau.° Rompez°-le en   *knife; Break*
  petits morceaux avec vos mains.   *pieces*
- Ne vous servez pas vous-même.° Attendez qu'on vous passe   *Don't serve*
  les plats.°   *yourself*
  dishes
- Ne refusez pas un plat, même° si c'est un plat que vous   *even*
  détestez.
- Si on vous présente un plat pour la deuxième fois,° n'oubliez°   *time; forget*
  pas que «s'il vous plaît» signifie «oui», et que «merci» signifie
  «non».
- N'utilisez pas votre fourchette° pour le fromage. Coupez le   *fork*
  fromage avec votre couteau et mettez-le sur un petit morceau
  de pain.
- Ne parlez pas la bouche pleine.°   *full*
- Faites des compliments à la maîtresse de maison. Dites°-lui   *Tell*
  que sa cuisine est délicieuse. À la fin° du repas,° remerciez-la   *end; meal*
  de son invitation.

AVEZ-VOUS COMPRIS ?

Imaginez que vous êtes invité(e) à dîner avec vos amis chez la famille Martinot. Lisez ce que *(what)* les personnes suivantes font et dites si c'est poli ou si ce n'est pas poli.

1. François met une cravate° et une chemise blanche.   *necktie*
2. Mélanie apporte un bouquet de tulipes à Madame Martinot.
3. L'invitation est pour sept heures et demie. Henri qui ne veut
   pas être en retard° arrive à six heures et demie.   *late*
4. Jacqueline n'aime pas les carottes. Quand le plat de carottes
   arrive à elle, elle dit «Hmm, c'est délicieux» et elle passe le
   plat à son voisin.°   *person next to her*
5. Philippe adore le fromage. Il prend un morceau de fromage et
   du pain et il fait un sandwich.
6. Monique n'a pas beaucoup d'appétit. Elle prend un peu de
   glace, mais elle dit «non, merci» quand on lui offre de la
   glace une deuxième fois.
7. Après le dessert, Thomas a encore° faim. Il finit le dernier   *still*
   morceau de pain.
8. Nicole dit à Madame Martinot que son repas est excellent.

ACTIVITÉ 1

Voici certaines opinions. Dites si oui ou non vous êtes d'accord avec ces opinions et expliquez *(explain)* votre position.

1. Aux États-Unis, les bonnes manières ne sont pas très importantes.
2. En général, les règles de l'étiquette sont les mêmes *(same)* en France et aux États-Unis.
3. Les bonnes manières sont quelque chose *(something)* de naturel. Ce n'est pas quelque chose qu'on apprend.
4. La politesse est une forme d'hypocrisie.
5. La première règle de la politesse est de respecter les autres *(other people)*.

Enrichissez votre **VOCABULAIRE**

Apporter et *amener*

Les deux verbes **apporter** et **amener** correspondent au verbe anglais *to bring*.

- **apporter** est utilisé pour les *objets*
  Philippe **apporte** ses disques à la surprise-partie.

- **amener** est généralement utilisé pour les *personnes*
  Philippe **amène** sa cousine à la surprise-partie.

ACTIVITÉ 2

Complétez les phrases suivantes avec la forme appropriée d'**apporter** ou d'**amener.**

1. Jacques . . . ses amis à la plage dans sa nouvelle voiture.
2. Vous . . . votre soeur au cinéma.
3. Mes cousins vont . . . du Coca-Cola pour le pique-nique.
4. Jean-Claude . . . un cadeau à sa mère.
5. J'ai ma voiture. Je t'. . . au théâtre si tu veux *(want)*.
6. Voici le facteur *(mailman)*. Combien de lettres est-ce qu'il . . . aujourd'hui?

Le couvert

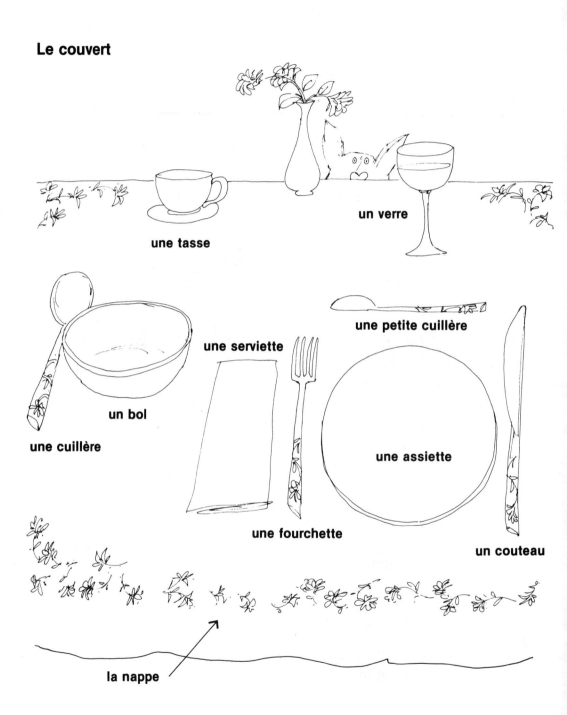

une tasse

un verre

une petite cuillère

une serviette

un bol

une cuillère

une assiette

une fourchette

un couteau

la nappe

ACTIVITÉ 3
Lisez ce que font les personnes suivantes. Dites quel(s) ustensile(s) elles utilisent.

▷ Jacques mange un bifteck.
Il utilise une assiette, un couteau et une fourchette.

1. Sylvie mange des céréales.
2. Marc boit du thé.
3. Monsieur Rimbaud boit du champagne.
4. Nous mangeons de la glace.
5. Vous mangez de la soupe.
6. Tu manges de la salade.
7. Je mange du poulet.

À VOTRE TOUR

Imaginez que vous expliquez à un ami français les bonnes manières américaines. Faites une liste de six choses à faire ou à ne pas *(not)* faire.

Les mots suivants sont dans le texte que vous allez lire. Notez le sens de ces mots.

un savant
> Un **savant** est spécialisé dans une science.
> Les chimistes, les mathématiciens, les biologistes sont des **savants.**
> En général, les **savants** travaillent dans les laboratoires.

la longueur
> La **longueur** d'un rectangle est sa plus grande dimension.

le poids
> On utilise une balance *(scale)* pour déterminer le **poids** d'un objet.
> Ces bagages sont très lourds. Quel est leur **poids**?

maigrir
> **Maigrir,** c'est perdre du poids.

la vitesse
> Aux États-Unis, la **vitesse** est limitée à 55 milles à l'heure.

un compteur de vitesse
> C'est un appareil *(device)* qui indique la vitesse. Toutes les voitures sont équipées d'un **compteur de vitesse.**

l'essence
> L'**essence** est dérivée du pétrole.
> Monsieur Marchand passe à la station-service. Il prend 20 litres d'**essence.**

TS   TS
AUTOMATIC

RENAULT 20

RENAULT *procente* **elf**

ESSENCE OU DIESEL

17

Le système métrique

Le système métrique a presque° deux cents ans. C'est, en effet,° en 1793 que des savants français ont inventé° ce système. Le système métrique a l'avantage d'être très simple. Ses unités sont des multiples de dix. Ainsi,° un mètre égale° 10 décimètres, un décimètre égale 10 centimètres, un centimètre égale 10 millimètres, etc. . . .

Les unités du système métrique ne sont pas des unités arbitraires. Elles correspondent à des mesures° qui° existent dans la nature. Voici quelques° exemples:

* Le mètre, qui° est l'unité de longueur, est la dix millionième (1/10.000.000) partie du quart du méridien terrestre.°

almost
indeed; invented

Thus; equals

measurements; that
a few

which
of the earth

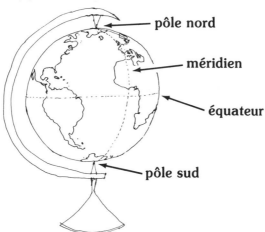

pôle nord

méridien

équateur

pôle sud

* Le kilogramme, qui est l'unité de poids, est le poids d'un litre d'eau. (Un litre égale 1.000 centimètres cubes.)
* La température est calculée en degrés Celsius. La température de zéro degré est la température à laquelle° l'eau se transforme en° glace.° La température de 100 degrés est la température à laquelle l'eau se transforme en vapeur.°

at which
turns into; ice

steam

Aujourd'hui le système métrique est un système universel, ou presque.° Il a été° adopté dans la majorité des pays. Connaissez-vous ce système? Voici une série de petits problèmes simples. Répondez par oui ou par non aux questions.

almost; has been

1. Madame Bonnet regarde le thermomètre. Il fait 22° Celsius. Est-ce qu'elle va mettre un manteau aujourd'hui?

    oui   non

2. Nous sommes en décembre. Il fait 8° Celsius. Est-ce que Marie-Jeanne peut° faire du patin à glace° sur le lac aujourd'hui?

    oui   non

can; go skating

3. Jacques a 16 ans. C'est un garçon athlétique qui mesure 1 mètre 90.° Est-ce qu'il est assez grand pour faire partie° de l'équipe° de basketball de son école?

    oui   non

is 1 meter 90 tall; be a member team

4. Aujourd'hui Monsieur Durand passe° sa visite° médicale annuelle. Il mesure 1 mètre 65 et pèse° 103 kilos. Est-ce qu'il doit° maigrir?

    oui   non

is going for; checkup weighs should

5. Robert, un étudiant français, passe l'été en Angleterre. Il voyage avec sa Renault 5, une voiture petite mais rapide. Il est sur une route où la vitesse est limitée à 50 milles à l'heure. Robert regarde son compteur de vitesse. Il roule° à 70 kilomètres à l'heure. Est-ce que la police peut arrêter° Robert pour excès de vitesse°?

    oui   non

is driving stop speeding

6. Mademoiselle Marsan habite à Paris. Cet été elle va passer les vacances à Nice. Elle a une voiture qui consomme° 10 litres d'essence aux 100 kilomètres. Avant le départ, Mademoiselle Marsan passe à la station-service et prend 40 litres d'essence. Est-ce que c'est assez° pour aller à Nice? (Pour ce problème, vous devez° chercher° la distance entre° Paris et Nice, en kilomètres.)

    oui   non

consumes

enough have to; look for; between

Maintenant vérifiez vos réponses.
1. *Non.* Il fait chaud aujourd'hui et Madame Bonnet n'a pas
   besoin° de manteau.   *doesn't need*
2. *Non.* Quand il fait 8 degrés, la glace se transforme en eau.
3. *Oui.* Jacques est un garçon très grand.
4. *Oui.* Monsieur Durand est trop gros.°   *fat*
5. *Non.* Robert respecte la limite de vitesse.
6. *Non.* Il y a 950 kilomètres entre Paris et Nice. Pour cette
   distance il faut° 95 litres d'essence.   *one needs*

QUELQUES ÉQUIVALENCES:

longueur

1 mètre	3,2808 pieds
1 mètre	1,0936 yard
1 kilomètre	0,6214 mille

superficie°   *area*

1 hectare (= 100 mètres carrés°)	2,471 acres	*squared*

capacité

1 litre	1,0567 quart
1 litre	0,2642 gallon

poids

1 gramme	0,0353 once
1 kilogramme	2,2046 livres° américaines	*pounds*

Quelques mots en -re

Certains mots français en **-re** correspondent à des mots anglais en *-er.*

un mè**tre**	*meter*
un diamè**tre**	*diameter*
un li**tre**	*liter*
un thermomè**tre**	*thermometer*
un théâ**tre**	*theater*

ACTIVITÉ 1 Complétez les phrases avec les mots français en **-re** correspondant aux mots anglais entre parenthèses.

1. *(center)*   Le musée est dans le . . . de la ville
2. *(chamber)*   Savez-vous où est la . . . de commerce?
3. *(cider)*   Hmm! Ce . . . est excellent!
4. *(letter)*   François écrit une . . . à sa cousine.
5. *(monster)*   Croyez-vous au *(Do you believe in the)* . . . du Loch Ness?
6. *(November)*   L'anniversaire de Nicole est le 24 . . .
7. *(order)*   L'officier a donné un . . . à ses soldats *(soldiers).*
8. *(offer)*   Allez-vous accepter mon . . .?

Les dimensions

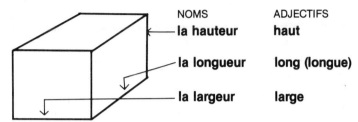

NOMS	ADJECTIFS
la hauteur	**haut**
la longueur	**long (longue)**
la largeur	**large**

Notez les expressions suivantes:

La tour Eiffel **a** 300 mètres **de haut.**
Le Mississippi **a** 6.800 kilomètres **de long.**

ACTIVITÉ 2 Choisissez trois objets ou volumes de forme cubique (par exemple, une radio, un téléviseur, la salle de classe, votre chambre . . .) et donnez leurs dimensions.

Les mots suivants sont dans le texte que vous allez lire. Notez le sens de ces mots.

NOMS

un spectateur (une spectatrice)

> Un **spectateur** est une personne qui regarde un spectacle; un match de tennis, par exemple.

un téléspectateur (une téléspectatrice)

> Un **téléspectateur** est une personne qui regarde un spectacle à la télévision. Il y a toujours beaucoup de **téléspectateurs** pour les «World Series».

un millier

> Un **millier** est une quantité plus ou moins égale *(equal)* à mille (1.000).

un jeu *(pluriel:* **des jeux)**

> Le Monopoly est un **jeu**. Les **Jeux** Olympiques sont un événement sportif important.
>
> Est-ce que vous jouez aux **jeux** électroniques?

la vie

> La **vie,** c'est l'existence. Avez-vous une **vie** intéressante?

une habitude

> Une **habitude** est une chose que nous faisons habituellement. Il y a des **bonnes habitudes** et des **mauvaises habitudes**. Faire du sport est une **bonne habitude**. Fumer *(Smoking)* est une **mauvaise habitude**.

un adversaire

> Un **adversaire** est un rival. Quand on joue au tennis, on joue contre *(against)* un **adversaire**.

VERBES ET EXPRESSIONS

avoir lieu

> Les Jeux Olympiques **ont lieu** tous les *(every)* quatre ans.
> Les «World Series» **ont lieu** en octobre.

remarquer

> **Remarquer** signifie noter, observer.
> Est-ce que le professeur **remarque** vos progrès en français?

vivre

> **Vivre** signifie exister. Nous **vivons** dans le présent, mais aussi pour l'avenir *(future)*.

être en forme

> **Être en forme** signifie être en bonne condition physique.
> Qu'est-ce que vous faites pour **être en forme**?

Portrait d'un champion

18

Nous sommes en avril 1982. Une nouvelle saison de tennis commence. À Monte-Carlo, où a lieu l'un des premiers tournois,° on attend l'arrivée des grands champions. On attend surtout° Björn Borg. Borg est une superstar. C'est le numéro° un du tennis mondial.° C'est peut-être° le meilleur joueur de l'histoire du tennis. Le 8 avril, Borg est inscrit° pour disputer° les quarts de finale du tournoi. Les caméras de télévision sont là pour retransmettre° le match à des millions de téléspectateurs dans le monde entier° . . .

tournaments
especially;
number
world; maybe
entered; to play

broadcast
whole world

Quand Borg entre sur le court, des milliers de spectateurs applaudissent. Ils attendent une nouvelle victoire du champion. Mais le match commence mal.° Borg perd le premier jeu, et le deuxième et le troisième . . . Pendant cinquante-cinq minutes, il est totalement dominé.° Finalement il est éliminé par le score de 6-1, 6-2. Battre° Borg! C'est le rêve° de tous° les joueurs de tennis, mais peu° ont réalisé cet exploit.° Aujourd'hui, le héros de cet exploit est un jeune homme de 21 ans. Il s'appelle Yannick Noah.

Qui est Yannick Noah? Un inconnu°? Certainement pas! Pour 50 millions de Français, Yannick Noah est une idole nationale. Pourtant,° ce grand garçon brun n'est pas né° en France, mais au Cameroun.[1] Son père, un ancien° joueur de football professionnel, est africain. Sa mère, professeur de littérature, est française. Quand Yannick a sept ans, ses parents lui achètent sa première raquette de tennis. À onze ans, il dispute ses premiers championnats. Un jour, le champion américain Arthur Ashe, en visite en Afrique, remarque les talents exceptionnels du jeune joueur. Arthur Ashe écrit immédiatement à la Fédération Française de Tennis pour signaler sa «découverte».°

À quatorze ans, Yannick Noah quitte° l'Afrique pour la France. Ses progrès sont rapides. En deux ans, il passe de la 300ème place° à la 30ème place dans le classement° mondial des joueurs de tennis. Il participe au circuit des Grands Prix et passe à la 12ème place. Après sa victoire sur Borg, Yannick Noah est le 8ème joueur mondial.

A-t-il l'ambition d'être un jour le numéro un du tennis mondial? Yannick Noah est un garçon réaliste et philosophe. «J'aime gagner, mais gagner n'est pas tout° dans la vie.» Pour être un superchampion, il faut° sacrifier tout au tennis: ses habitudes, sa famille, ses amis . . . «Je ne veux pas penser au° tennis vingt-quatre heures sur vingt-quatre. Moi, je veux prendre le temps° de vivre!» Yannick Noah a une intense joie de vivre. Il aime rire.° Il aime sortir avec ses amis. Il aime voyager. Il aime conduire° sa Ferrari à 260 kilomètres à l'heure . . .

Mais sur le court, c'est un adversaire formidable. Quand il est en forme, il est le meilleur. Borg, Lendl, Vilas ont été° ses victimes. Noah est probablement le meilleur joueur français des cinquante dernières années.° Quand il participe à un match, ce

poorly

dominated
Beat; dream; all
few; feat

unknown

However; born
former

discovery

leaves

position;
ranking

everything
one must
to think about

time
to laugh
to drive

have been

years

[1] Un pays d'Afrique.

match devient un événement national. S'il gagne, c'est un triomphe pour la France. S'il perd, c'est parce que la chance° n'est pas avec lui. Yannick Noah n'est pas encore un super-champion, mais pour des millions de Français, c'est une superstar!

luck

AVEZ-VOUS COMPRIS ?

Lisez attentivement les phrases suivantes. Pour chaque phrase, choisissez la terminaison *(ending)*—a, b ou c—qui correspond au texte que vous avez lu *(read)*.

1. En 1982, le favori du tournoi de Monte-Carlo était° ...   *was*
   a. Björn Borg.
   b. Yannick Noah.
   c. Arthur Ashe.
2. Pour la majorité des spectateurs, la victoire de Noah a été ...
   a. une déception.°   *disappointment*
   b. une injustice.
   c. une surprise.
3. Arthur Ashe a rencontré° Yannick Noah ...   *met*
   a. en France.
   b. aux États-Unis.
   c. en Afrique.
4. Pour Yannick Noah, le but° de l'existence est ...   *goal*
   a. d'être heureux.
   b. d'être le numéro un du tennis mondial.
   c. d'acheter une voiture de sport.
5. Les Français considèrent Noah comme ...
   a. un héros national.
   b. le meilleur joueur du monde.
   c. un joueur assez° médiocre.   *rather*

Les nombres ordinaux

On utilise les nombres ordinaux pour classer les personnes ou les choses dans un certain ordre.

Voici comment on forme les nombres ordinaux:

nombre cardinal (moins -e final)	+ -ième	trois ⟶ trois**ième** quatr~~e~~ ⟶ quatr**ième**

Exceptions: un (une) ⟶ **premier (première)**

(mais: vingt et un ⟶ vingt et un**ième**)

cinq ⟶ **cinquième**

neuf ⟶ **neuvième**

ACTIVITÉ 1 Complétez les phrases avec le nombre ordinal correspondant au nombre entre parenthèses.

1. Février est le . . . (2) mois de l'année.
2. Samedi est le . . . (6) jour de la semaine.
3. Abraham Lincoln est le . . . (16) président des États-Unis.
4. L'Alaska est le . . . (49) état.
5. Mon ami Georges habite à New York dans la . . . (5) avenue.
6. Nous habitons au . . . (21) étage *(floor)*.
7. Mon cousin a participé à un marathon et il est arrivé . . . (60).

Le tennis

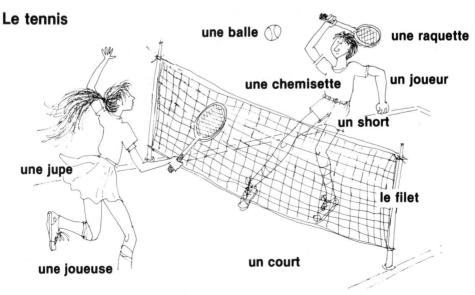

une balle

une raquette

une chemisette

un joueur

un short

une jupe

le filet

une joueuse

un court

Origine du tennis

Savez-vous que le mot «tennis» vient du mot français «tenez» *(hold)*? Le tennis est dérivé de l'ancien «jeu de paume», un sport pratiqué *(played)* en France au 14ᵉᵐᵉ siècle *(century)*.

Le score ou la marque

Au tennis, le premier point marque 15. Le deuxième point marque 30. Le troisième point marque 40. Le quatrième point gagne le **jeu** sauf *(except)* si les deux joueurs sont **à égalité** *(at deuce)*. Dans ce cas, le **vainqueur** *(winner)* est le joueur qui marque deux points consécutifs. Le premier de ces points lui donne l'**avantage.**

Un match de tennis

Un match de tennis est divisé en **sets** et chaque *(each)* set est divisé en jeux.
Pour gagner un set, il faut gagner six jeux. (S'il y a égalité à 6-6, on joue des points de tie-break.)
Pour gagner un match, il faut gagner deux sets (sur un maximum de trois) ou, dans les grands championnats, trois sets (sur un maximum de cinq).

Un championnat de tennis

Dans un championnat de tennis, les joueurs progressent par étapes *(rounds)* successives. Le **vainqueur** continue. Le **perdant** *(loser)* est éliminé. Huit joueurs disputent les **quarts de finale.** Quatre joueurs disputent les **demi-finales.** Le vainqueur du championnat est le joueur qui gagne la **finale.** Les quatre grands championnats de l'année sont le championnat de Wimbledon, le championnat international de France à Roland-Garros, le championnat des États-Unis à Flushing Meadow et le championnat d'Australie.

ACTIVITÉ 2 Répondez aux questions suivantes.

1. Est-ce qu'il y a des courts de tennis à votre école? Combien?
2. Jouez-vous au tennis? Où? Avec qui? Êtes-vous un champion (une championne)?
3. Regardez-vous les matchs de tennis à la télé? Quels matchs?
4. Qui est votre joueur préféré? Qui est votre joueuse préférée?
5. Pour vous, est-ce que le tennis est un sport intéressant? Pourquoi ou pourquoi pas?

Faites le portrait de votre athlète favori ou de votre athlète favorite: son portrait physique, sa personnalité, ses qualités et ses défauts *(faults)*.

Les noms suivants sont dans le texte que vous allez lire. Notez le sens de ces noms.

une montagne

Les Alpes sont des **montagnes** élevées *(high)*. Les **Montagnes** Rocheuses sont situées *(located)* dans l'ouest des États-Unis.

une colline

Une **colline** est une petite élévation de terrain.

un bruit

Le **bruit** est le contraire du silence. En général, une explosion fait beaucoup de **bruit.**

le sol

Nous marchons sur le **sol.**

une allumette

Une **allumette** produit une flamme. On utilise souvent des **allumettes** pour allumer un feu.

un mur

Votre chambre a quatre **murs.** Est-ce qu'il y a des posters sur les **murs** de votre chambre?

un dessin

Un **dessin** est la représentation graphique d'une personne ou d'un objet.
En général, on fait un **dessin** avec un crayon.

une peinture

Quand un artiste fait une **peinture,** il utilise des couleurs différentes pour représenter une personne ou un objet.

La découverte de Lascaux

19

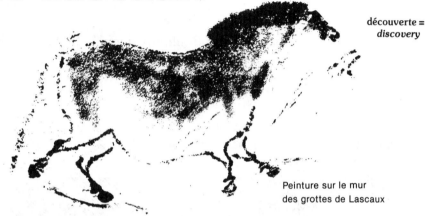

découverte = *discovery*

Peinture sur le mur
des grottes de Lascaux

(Le récit° que vous allez lire est le récit d'une grande découverte: *account*
la découverte de Lascaux.)

Nous sommes au mois de septembre 1940 (dix-neuf cent
quarante). Les garçons de Montignac, un petit village dans le
sud°-ouest de la France, sont en vacances. Un après-midi,   *south*
quatre garçons du village décident de faire une promenade dans
la montagne. Il y a Marcel Ravidat, son ami Jacques Marsal et
deux autre garçons. Il y a aussi Robot, le chien de Marcel.

«Allons sur la colline de Lascaux» propose Marcel. Les
garçons montent° sur la colline. En vingt minutes ils sont au   *climb*
sommet.° Mais Robot n'est pas avec eux.   *top*

Marcel appelle° son chien.   *calls*

— Robot! Robot!

Mais Robot ne répond pas.

— Robot! Robot!

Silence. Marcel est très inquiet.° Ses amis cherchent° le   *worried; look for*
chien. Soudain,° Jacques entend un bruit.   *Suddenly*

— Ouof! Ouof!

C'est Robot. Robot répond, mais il ne vient pas.

— Robot, Robot, où es-tu?

— Ouof, ouof!

Jacques écoute. La voix° de Robot semble° venir du sol. *voice; seems*
Jacques découvre° une petite ouverture° dans la colline. Il *discovers;*
appelle Marcel. *opening*

— Marcel, ton chien est là, derrière° cette ouverture. *behind*

— Robot, monte°! Monte, Robot! *climb up*

Mais Robot ne peut pas° monter. Alors, Marcel entre par° *cannot; through*
l'ouverture et va chercher° son chien. Jacques et les deux autres *to get*
garçons demandent:

— Ça va, Marcel?

— Oui, ça va.

— Qu'est-ce qu'il y a° là-bas? *What's the matter*

Marcel a des allumettes avec lui. Il allume une allumette.

— Je suis dans une grotte°! Une grande grotte! Descendez°! *cave; Come down*
Les trois garçons descendent. Ils regardent la grotte.

— Marcel, regarde sur le mur! Il y a un curieux dessin!

— C'est un bison!

— Voici un autre° bison. Et là-bas, il y a d'autres bisons. *another*
Des bisons rouges, des bisons noirs, des bisons jaunes . . .

Quelle surprise! Quelle étrange découverte! Les garçons
continuent leur exploration. Sur les murs de la grotte il y a des
bisons, mais il y a aussi des chevaux, des taureaux,° des cerfs° . . . *bulls; deer*

Marcel et ses amis décident de garder° le secret de leur *to keep*
découverte. Le lendemain° ils retournent° à la grotte de *next day; go back*
Lascaux. Pendant quatre jours, ils explorent cette grotte. Ils
découvrent d'autres grottes et d'autres animaux.

Jacques examine un groupe de bisons rouges.

— Regarde, Marcel! La peinture° semble fraîche°! *paint; fresh*

— C'est bizarre°! *strange*

— Qui a peint° ces animaux? *painted*

— Je ne sais pas.

Finalement les garçons décident de parler de leur
découverte à leur professeur. Le professeur est très surpris. Il
téléphone à un ami de Paris. Cet ami s'appelle l'abbé Breuil.

L'abbé Breuil n'hésite pas. Le jour même,° il prend le train pour Montignac. Il arrive au village et va directement° à la grotte de Lascaux. Là, il examine attentivement° les peintures murales. L'abbé Breuil est un spécialiste de l'art préhistorique. Il se rend compte° immédiatement de l'importance de la découverte de Lascaux. Il dit aux garçons:

«Ces peintures sont de magnifiques exemples d'art préhistorique. Elles sont très anciennes. Regardez ce bison. Il a été° peint il y a 30.000 ans.° Mais pendant 30.000 ans son existence est restée° un mystère. Aujourd'hui ce bison prouve que nos ancêtres avaient° un sens artistique très développé. Votre découverte est une très grande contribution à l'histoire de l'humanité.»

✢ ✢ ✢ ✢ ✢ ✢ ✢

Peu° après leur découverte, les grottes de Lascaux deviennent° rapidement un centre touristique très important. En vingt ans, des millions de personnes viennent admirer les peintures murales des fameuses grottes.

Mais un danger menace° ces chefs-d'oeuvre° de la préhistoire. En effet,° la présence des visiteurs augmente° l'humidité et la teneur en° gaz carbonique des grottes. Ces conditions favorisent le développement de micro-organismes qui attaquent les peintures. Ces peintures, vieilles de 30.000 ans, sont irremplaçables. Il faut absolument° éviter° leur destruction. Voilà pourquoi les grottes de Lascaux sont aujourd'hui fermées° au public.

Cependant,° si vous êtes amateur de préhistoire, ou simplement curieux, ne désespérez° pas. On prépare actuellement° une reproduction exacte de la grotte, 100 mètres plus bas.° Aujourd'hui une équipe° d'architectes, de sculpteurs et de décorateurs utilisent° les techniques les plus modernes pour recréer ce que° nos ancêtres ont produit° il y a 30.000 ans.

Glosses (right margin):
- That very day
- straight
- carefully
- realizes
- has been; 30,000 years ago
- remained
- had
- A short time
- become
- threatens; masterpieces
- Indeed; increases
- amount of
- It is imperative; to avoid
- closed
- However
- lose hope; now
- lower down
- team
- are using
- what; created

AVEZ-VOUS COMPRIS ?

La découverte de Lascaux est une découverte très importante pour la science qui s'intéresse à *(concerns)* l'histoire des premiers hommes. Comment s'appelle cette science? Pour trouver son nom, faites le mot-croisé *(crossword)* suivant. Trouvez les mots correspondant aux définitions suivantes et mettez ces mots dans les cases *(boxes)* de la grille *(grid).* (Note: Ces mots sont dans le texte que vous avez lu.)

1. Le nom de la grotte: _ _ _ _ _ _ _

2. Le nom de famille de Marcel: _ _ _ _ _ _ _

3. Le chien de Marcel: _ _ _ _ _

4. Le village où habitent les garçons: _ _ _ _ _ _ _ _ _

5. Ces animaux peuvent° servir au transport des hommes: *can*

   _ _ _ _ _ _ _

6. Ces animaux ont des cornes°: _ _ _ _ _ _ _ _ *horns*

7. Ces animaux ont des cornes aussi: _ _ _ _ _ _

8. Une petite ville: _ _ _ _ _ _ _

9. Une petite montagne: _ _ _ _ _ _ _

10. Une cavité à l'intérieur d'une montagne: _ _ _ _ _ _

11. Le contraire° de grand: _ _ _ _ _ *opposite*

12. Le neuvième mois de l'année: _ _ _ _ _ _ _ _ _

Enrichissez votre **VOCABULAIRE**

Verbes de mouvement

Notez l'usage des prépositions avec ces verbes de mouvement.

entrer	*to enter, to go into*	Marcel **entre** dans la grotte.
		Nous **entrons** dans le garage.
monter	*to climb on*	Les garçons **montent** sur la colline.
		Jacques **monte** sur le mur.
	to go up to	Je **monte** dans ma chambre.
	to get into (a car)	Monsieur Robert **monte** dans sa voiture.
	to get on (a bus, plane)	Madame Simon **monte** dans le bus.
descendre	*to go down into*	Les garçons **descendent** dans la grotte.
	to get out of (a car)	Nous **descendons** du taxi.
	to get off of (a bus, train)	Marie **descend** du train.

ACTIVITÉ 1 Complétez les phrases suivantes avec le verbe français correspondant au verbe entre parenthèses. Utilisez la préposition appropriée.

1. *(get off of)*   Les touristes . . . l'autobus.
2. *(enters)*   Philippe . . . sa chambre.
3. *(climbs on)*   Le chat . . . la table.
4. *(get into)*   Nous . . . la voiture de Jacques.
5. *(go down into)*   Vous . . . la grotte.
6. *(goes into)*   Nicole . . . le laboratoire.
7. *(get on)*   Les passagers . . . l'avion.
8. *(gets out of)*   Ma soeur . . . sa voiture.

Les arts et les artistes

un artiste (une artiste)

Un **artiste** crée des **oeuvres** *(works)* d'art.

un dessinateur (une dessinatrice)

Un **dessinateur** est un artiste qui fait des **dessins** *(sketches, drawings).*

Ce dessinateur **dessine** bien. Il sait bien **dessiner** *(to draw).*

Les **bandes dessinées** sont des séries de petits dessins amusants.

un peintre

Un **peintre** est un artiste qui fait des **peintures** *(paintings).*

La «Mona Lisa» est une **peinture** très célèbre *(famous).*

Un peintre utilise de la **peinture** *(paint)* et des **pinceaux** *(brushes).*

Faites attention à la **peinture** fraîche *(wet)!*

un sculpteur

Un **sculpteur** fait des **sculptures.**

un décorateur (une décoratrice)

Un **décorateur** est un spécialiste de la **décoration.**

Un **décorateur d'intérieur décore** l'intérieur des appartements.

Un décorateur de théâtre crée les **décors** *(scenery)* pour la **scène** *(stage).*

ACTIVITÉ 2 Répondez aux questions suivantes.

1. Est-ce que votre école offre des cours de dessin? Est-ce que vous dessinez bien? Quels sont vos sujets préférés?
2. Est-ce qu'il y a des reproductions d'oeuvres d'art dans la salle de classe *(classroom)*? dans votre chambre? Qu'est-ce que ces oeuvres d'art représentent?
3. Est-ce que vous aimez la peinture? Préférez-vous la peinture abstraite ou la peinture concrète? Qui est votre peintre favori?
4. Allez-vous peindre *(to paint)* votre chambre cet été? Quelle couleur allez-vous choisir?
5. Est-ce que la profession d'architecte est une profession intéressante? Pourquoi ou pourquoi pas?

Choisissez un artiste français et informez-vous sur *(find out about)* sa vie et son oeuvre. Puis *(Then)* choisissez l'une de ses oeuvres et décrivez-la brièvement *(briefly)*. Voici quelques artistes: Renoir, Manet, Monet, Toulouse-Lautrec, Van Gogh, Degas, Picasso, Matisse, Cézanne, Delacroix, Gauguin.

Les mots suivants sont dans le texte que vous allez lire. Notez le sens de ces mots.

VERBE

fabriquer
> **Fabriquer** signifie faire, produire.
> À Détroit, on **fabrique** des automobiles.

NOMS

le sud
> Le **sud** est la direction opposée au nord.
> La Floride est située dans le **sud** des États-Unis.

un champ
> Un **champ** est une surface cultivée.

un consommateur (une consommatrice)
> Un **consommateur** est une personne qui utilise un produit.

un siècle
> Un **siècle** est une période de cent (100) ans.

une fabrique
> Une **fabrique** est un établissement industriel qui fabrique des produits.

La cité des fleurs

20

fleurs = *flowers*

Grasse est une petite ville de Provence dans le sud de la France. La campagne autour de° Grasse est un immense champ de fleurs. Sur° des kilomètres et des kilomètres, on peut° voir des fleurs jaunes, des fleurs roses,° des fleurs violettes.° Quelles sont ces fleurs? Il y a des mimosas, des roses et aussi du jasmin et de la lavande. . . C'est avec ces fleurs qu'on fabrique les parfums les plus prestigieux du monde.° Grasse est en effet° la capitale mondiale° de la parfumerie.° Voici certains détails sur l'industrie de la parfumerie.

- L'origine des parfums est très ancienne. Ce sont les Égyptiens qui ont utilisé° les premiers parfums à base de plantes aromatiques. Ces parfums ont d'abord° servi° dans des cérémonies religieuses, puis° en médecine, et finalement pour la toilette.° Les Grecs° et les Romains, eux aussi, ont été° des grands consommateurs de parfum.

around

Over; can

pink; purple

world; as a matter of fact world; perfumery

used

first; served

then

grooming; Greeks were

- Au Moyen Âge,° les Arabes ont produit° des parfums par distillation d'essence des fleurs. Les Croisés° ont introduit° ces parfums en Europe. *Middle Ages; produced Crusaders; introduced*

- Au seizième siècle, une reine° de France, Catherine de Médicis (1519-1589), a créé° la première fabrique de parfum dans la région de Grasse. Depuis,° l'industrie de la parfumerie est devenue° une industrie française très importante. *queen created Since then has become*

- La création d'un parfum est le résultat de patientes recherches.° L'art du parfumeur consiste à mélanger° plusieurs° substances pour obtenir° un parfum subtil et discret. Un maître-parfumeur s'appelle «un nez». Savez-vous pourquoi? *research; of mixing several; to get*

- La composition exacte de nombreux° parfums reste° souvent un secret commercial. *many; remains*

- Les parfums naturels sont extraits de fleurs (jasmin, rose, mimosa), de fruits (orange, citron°) ou de résine. Ces parfums naturels constituent l'«essence de base». Pour obtenir un kilo d'essence de jasmin, il faut° 3 millions de fleurs. *lemon one needs*

- Les différents produits cosmétiques sont obtenus° par la dilution d'essence de base dans de l'alcool. Voici la composition de certains de ces produits: *obtained*

  le parfum de toilette: 5 à 10% d'essence de base dans de l'alcool à 90 degrés

  l'eau de toilette: 3 à 5% d'essence de base dans de l'alcool à 90 degrés

  l'eau de Cologne: 1 à 3% d'essence de base dans de l'alcool à 70 degrés

Et maintenant quand vous ouvrirez° une bouteille° de parfum, respirez° bien son odeur. Cette odeur vient peut-être° des fleurs de Provence! *open; bottle breathe; maybe*

AVEZ-VOUS COMPRIS ?

Lisez le texte et complétez les mots qui manquent *(that are missing)*. Mettez les lettres indiquées dans le dessin. Vous trouverez *(will find)* le nom d'un parfum français très célèbre *(famous)*.

1. Grasse est la◯_ _ _ _ _ _ _ de la parfumerie.

2. Autour de Grasse, il y a des _◯_ _ _ _ de fleurs.

3. Les _ _◯_ _ _ ont fabriqué des parfums au Moyen Âge.

4. Un maître-parfumeur s'appelle «un◯_ _».

5. Les parfums naturels sont des extraits de fruits, de résine ou

   de _ _◯_ _ _.

6. Un parfum naturel contient° de l'essence de base et de   *contains*

   l' _◯_ _ _ _.

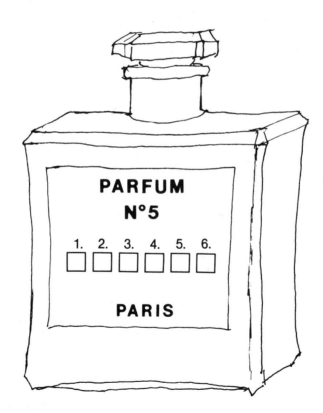

PARFUM
N°5

1. 2. 3. 4. 5. 6.
☐ ☐ ☐ ☐ ☐ ☐

PARIS

Plantes et fleurs
Quelques plantes

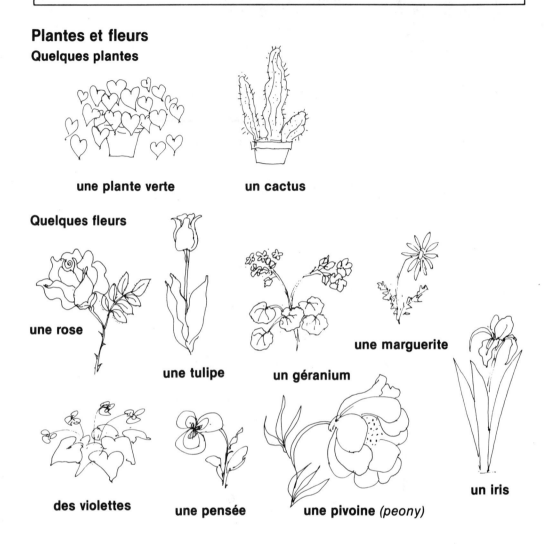

une plante verte   **un cactus**

Quelques fleurs

une rose

une tulipe   **un géranium**

une marguerite

des violettes   **une pensée**   **une pivoine** *(peony)*

un iris

ACTIVITÉ 1 Répondez aux questions suivantes.

1. Avez-vous des plantes chez vous? Quelles plantes? Pensez-vous que les plantes embellissent *(add beauty to)* votre existence *(life)*? Pourquoi ou pourquoi pas?
2. Est-ce qu'il y a des fleurs dans votre jardin? Quelles fleurs? Qui est-ce qui les cultive?
3. Dans quelle région des États-Unis trouve-t-on des cactus?
4. Quelles sont les plantes et les fleurs de votre région?

Enrichissez votre **VOCABULAIRE**

Quelques boutiques

Un parfumeur (une parfumeuse) est une personne qui fabrique ou qui vend des parfums.

Une parfumerie est une boutique où on vend des parfums.

En français, le nom d'un grand nombre de boutiques se termine en **-erie**.
Notez le nom des boutiques suivantes et des commerçants *(shopkeepers)*.

BOUTIQUE:		COMMERÇANTS:
une boucherie	*butcher shop*	**le boucher, la bouchère**
une boulangerie	*bakery*	**le boulanger, la boulangère**
une confiserie	*candy shop*	**le confiseur, la confiseuse**
une crémerie	*dairy shop*	**le crémier, la crémière**
une épicerie	*grocery store*	**l'épicier, l'épicière**
une librairie	*bookstore*	**le libraire, la libraire**
une papeterie	*stationery store*	**le papetier, la papetière**
une parfumerie	*perfume shop*	**le parfumeur, la parfumeuse**
une pâtisserie	*pastry shop*	**le pâtissier, la pâtissière**

qui dit
livre pense
Payot
LIBRAIRIE
PAYOT

➤ Notez les constructions suivantes:

Martine va { **à** la boucherie   (boutique)
{ **chez** le boucher (commerçant)

ACTIVITÉ 2 Imaginez que vous faites une promenade en ville. Vous entendez les remarques suivantes. Dites dans quelle boutique vous êtes.

1. Hmm . . . ce parfum sent *(smells)* bon! Combien coûte-t-il?
2. Ces chocolats ont l'air *(look)* vraiment délicieux.
3. Donnez-moi un litre de lait et un camembert, s'il vous plaît.
4. Est-ce que vos croissants *(crescent rolls)* sont frais *(fresh)*?
5. Je voudrais un paquet d'enveloppes et du papier à lettres.
6. Est-ce que vous avez le dernier album d'Astérix?

Le Centre Pompidou (Beaubourg), Paris

Quatrième niveau

Les verbes suivants sont utilisés au passé composé dans le texte que vous allez lire. Notez la forme de ces verbes.

écrire

> Jean-Michel **a écrit** une lettre à sa soeur.

faire

> Hier après-midi, Pauline **a fait** un match de tennis avec son cousin.

être

> Cette maison **a été** construite *(built)* en 1900.

suivre

> Marc **a suivi** un cours d'espagnol.

21

Le jeu des quatre erreurs

L'été dernier° Jacqueline, une jeune Canadienne, a passé un mois en Europe. Pendant son voyage, elle a écrit des cartes postales à ses amis. Mais dans chacune° de ses cartes postales elle a fait une erreur.° Lisez bien chaque° carte postale. Trouvez l'erreur et rectifiez°-la.

last

each

mistake; each

correct

Paris, le 2 juillet
Mon cher André,
Je suis arrivée à Paris dimanche dernier et j'ai déjà fait beaucoup de choses. Lundi, j'ai visité le Centre Pompidou, le plus grand musée d'art moderne du monde. J'ai vu une exposition° sur l'art africain. Hier, je suis montée à la tour Eiffel. Du sommet°, on peut° voir tout Paris et j'ai pris beaucoup de photos. Après, je suis allée à l'Arc de Triomphe. Ce monument a été construit pour commémorer les victoires de Napoléon. C'est le plus ancien° monument de Paris. Amitiés°, Jacqueline

already

exhibition

top; can

oldest

Best regards

Postcard 1

Tours, le 16 juillet

Ma chère Suzanne,
  Me voici à Tours. Tours est la capitale de la Touraine, une jolie province où les rois de France ont résidé pendant long-temps. Hier, c'était le 15 juillet, qui est la fête nationale en France. Le matin, j'ai assisté° à un défilé° militaire. Le soir, je suis allée voir les feux d'artifices°.
  Je t'embrasse, Jacqueline

Suzanne Aucoin
705, rue Ste. Catherine ouest
Montréal, P.Q.
H3B 4G5
Canada

Here I am

kings

*for a long time;
it was; which*

attended; parade

fireworks
All my love

Postcard 2

Nice, le 20 juillet
Mon cher Bertrand,
    Je suis arrivée à Nice mardi soir. Nice est une ville très touristique en été. De la fenêtre de mon hôtel, je peux voir l'océan Atlantique. Hier, je suis allée à la plage. J'ai nagé et j'ai suivi une leçon de planche à voile°. Ce n'est pas facile! Je suis tombée plusieurs fois°...
    Amicalement, Jacqueline

Bertrand Lajoie
600, rue Jean-Talon est
Montréal, P.Q.
H2R 3A8
Canada

wind-surfing
several times
Love

Genève, le 1er août,
Ma chère Nathalie,

J'ai quitté° Nice hier matin et je suis arrivée à Genève hier soir. C'est une ville située dans l'Est de la France. Ce matin, j'ai fait une promenade en bateau sur le lac de Genève. Comme° la visibilité est très bonne aujourd'hui, j'ai pu° voir les sommets des Alpes. Ce sont les plus hautes° montagnes d'Europe.
À bientôt,° Jacqueline

left

Nathalie Bolduc
1, rue de la Rivière
Québec, P.Q.
G1J 1R4
Canada

Since

was able

highest
See you soon

Solution. *Les quatre erreurs de Jacqueline:*

Paris. L'Arc de Triomphe a été construit de 1806 à 1836. Ce n'est pas le plus ancien monument de Paris. Le Louvre, Notre-Dame de Paris et la majorité des églises parisiennes sont des monuments beaucoup plus anciens.

Tours. Les Français célèbrent leur fête nationale le 14 juillet, et non pas le 15.

Nice. À Nice, Jacqueline n'a pas pu° voir l'océan Atlantique. Nice est en effet° située sur la Méditerranée.   *wasn't able*   *in fact*

Genève. Genève n'est pas située en France mais en Suisse.

Enrichissez votre **VOCABULAIRE**

La correspondance

un crayon	*pencil*	**du papier**	*paper*
un stylo	*pen*	**une feuille de papier**	*sheet of paper*
un stylo à encre	*fountain pen*	**une carte postale**	*postcard*
un stylo à bille	*ball-point pen*	**une lettre**	*letter*
un stylo-feutre	*felt-tip pen*	**une enveloppe**	*envelope*
		un timbre	*stamp*

Pour écrire une lettre

- Utilisez un stylo à encre. (N'écrivez pas avec un crayon ni° avec un stylo à bille.)   *or*
- Mettez le nom de votre ville et la date en haut° et à droite.°   *at the top; to the right*
- Comment commencer votre lettre? Cela° dépend à qui vous écrivez!   *That*
  — à un ami (ou une amie)

  (assez formel)

  Cher ami, Chère amie,
  Cher Paul, Chère Monique,
  Mon cher Henri, Ma chère Nicole,

  — à un adulte
  (si vous ne connaissez° pas bien cette personne)   *know*

  Monsieur, Madame, Mademoiselle,

  (si vous connaissez très bien cette personne)

  Cher Monsieur, Chère Madame,
  Chère Mademoiselle,

  — à une compagnie ou à un bureau°   *office*

  Messieurs,   *Sirs*

- Comment terminer° votre lettre?   *to end*
  — Si vous écrivez une lettre personnelle, vous pouvez utiliser l'une des formules suivantes:
  (si vous connaissez bien votre correspondant)

  Amicalement,   *Love*
  Cordialement,
  Bien à toi (Bien à vous),   *Yours truly*

  (si vous connaissez très, très bien votre correspondant)

  Amitiés,   *Best regards*
  Affectueusement,   *Affectionately*
  Je t'embrasse (Je vous embrasse),   *All my love*
  Bons baisers,   *Kisses*

— Si vous écrivez une lettre officielle, restez très formel. Terminez par la formule suivante:

Je vous prie d'agréer, Monsieur, (Madame, Mademoiselle), l'expression de mes sentiments distingués,°[1]

Sincerely yours

- Signez lisiblement.°

legibly

Paula Curtis

Pour adresser une enveloppe

Écrivez le nom complet de votre correspondant. Mettez son adresse et n'oubliez° pas le code postal. (En France, le code postal a 5 chiffres.° On le met *avant* le nom de la ville.)

forget

numbers

FRANCE 1.80

timbre→

*Monsieur Jean-Louis Juéry
152, avenue Sablon
63000 Clermont - Ferrand*

code postal

À VOTRE TOUR

Imaginez que vous avez deux correspondants français: François Brunet qui habite à Paris et Stéphanie Cuvier qui habite à Nice.

- Écrivez une carte postale à François où vous lui dites ce que vous avez fait le week-end dernier.
- Écrivez une petite lettre à Stéphanie où vous lui parlez de vos projets *(plans)* de vacances et où vous lui demandez ce qu'elle va faire cet été.

[1]Literally, this expression means "I beg you to accept, Sir (Madam, Miss), the expression of my distinguished feelings."

Les noms suivants sont dans le texte que vous allez lire. Notez le sens de ces noms.

une année

Une **année** est une période d'un an (365 jours).

une étape

Une **étape** est un épisode, une période.

le fer

Le **fer** est un métal. Son symbol chimique est Fe.

les escaliers

Pour passer du premier étage *(floor)* au deuxième étage, on prend les **escaliers.**

une ampoule

Dans une lampe, il y a une **ampoule.** Il y a des **ampoules** de 40 watts, de 75 watts, de 100 watts, etc. . . .

un alpiniste

Un **alpiniste** est une personne qui fait l'ascension des montagnes. Le mot **alpiniste** vient du mot **Alpes.** (Les Alpes sont les plus hautes *(highest)* montagnes d'Europe.)

22

La tour Eiffel

Pour des millions de gens, la tour Eiffel est le symbole de Paris. Chaque° année, quatre millions de touristes visitent ce monument. Pourtant,° la tour Eiffel est un monument relativement récent. Elle n'a pas cent ans alors que° Paris est une ville de plus de 2.000 ans.

Every
However
whereas

La tour Eiffel a une histoire intéressante. Voici quelques étapes de cette histoire.

1887-1889 La tour Eiffel a été construite° par l'ingénieur français Gustave Eiffel. En 1889, elle a été inaugurée à l'occasion de l'Exposition universelle.° La tour Eiffel est une tour de fer. Elle a 300 mètres de hauteur° et pèse° seulement° 6.900 tonnes. Pour l'époque,° sa construction a représenté un grand exploit° technique. La tour Eiffel est restée pendant longtemps° le plus haut monument du monde.

built

World's Fair

in height;
weighs;
only
For that time
feat

a long time

1901	Un aviateur a essayé° de faire le tour° de la tour Eiffel en dirigeable.° L'expérience° n'a pas réussi et le dirigeable s'est échoué° sur la tour Eiffel, provoquant° la panique parmi° les visiteurs.	*tried; to go around* *dirigible, blimp;* *experiment* *got stranded* *resulting in;* *among*
1923	Un journaliste a descendu les escaliers de la tour Eiffel . . . à bicyclette!	
1926	Un casse-cou° est passé sous° la tour Eiffel . . . en avion!	*daredevil; under*
1925-1936	Une compagnie d'automobiles a utilisé° la tour Eiffel pour sa publicité. Avec 250.000 ampoules de six couleurs différentes, la tour Eiffel est ainsi devenue° la plus grande affiche° lumineuse° du monde.	*used* *thus became;* *sign; lighted*
1935	Les premières émissions° régulières de télévision ont eu lieu° du sommet° de la tour Eiffel.	*broadcasts* *took place; top*
1950	Des alpinistes ont escaladé° la tour Eiffel avec des cordes.°	*climbed* *ropes*
1960	Un marchand° anglais a voulu vendre la tour Eiffel à une compagnie hollandaise au prix° de 20 centimes le kilo. Cette vente° était° une escroquerie° et le marchand est allé en prison.	*merchant* *price* *sale; was* *swindle*

AVEZ-VOUS COMPRIS ?

Lisez attentivement les phrases suivantes. Pour chaque phrase, choisissez la terminaison—a, b ou c—qui correspond au texte que vous avez lu.

1. La tour Eiffel a été nommée° en l'honneur . . .   *named*
   a. de son constructeur.
   b. d'un homme politique français.
   c. d'un ingénieur allemand.

2. C'est le monument de Paris . . .
   a. le plus ancien.
   b. le plus moderne.
   c. le plus élevé.°   *highest*

3. La tour Eiffel a été construite pour . . .
   a. commémorer le 2000ème anniversaire de la ville de Paris.
   b. servir de tour de contrôle à l'aéroport de Paris.
   c. servir de monument commémoratif à l'Exposition universelle de 1889.

4. En 1901, un dirigeable . . .
   a. a réussi à passer sous la tour Eiffel.
   b. a provoqué° un accident sur la tour Eiffel.   *caused*
   c. a évacué des touristes pris° dans une tempête° au   *caught; storm*
      sommet de la tour Eiffel.

5. Trente-six ans après son inauguration, la tour Eiffel a été
   utilisée dans un but° . . .   *purpose*
   a. commercial.
   b. militaire.
   c. scientifique.

6. En 1960, une compagnie hollandaise a voulu acheter la tour
   Eiffel . . .
   a. pour en° faire un musée.   *out of it*
   b. pour y créer une station de télévision.
   c. pour la valeur du métal.

Quelques matériaux de construction

les métaux	*metals*
l'acier *(m.)*	*steel*
l'aluminium *(m.)*	*aluminum*
le cuivre	*copper*
le fer	*iron*
le bois	*wood*
la matière plastique	*plastic*
la verre	*glass*
la pierre	*stone*
la brique	*brick*
le marbre	*marble*

▶▶ Notez la construction:

La tour Eiffel est une tour **en** fer.

ACTIVITÉ 1 Complétez les phrases suivantes avec le nom d'un matériau. Soyez *(Be)* logique!

▷▷ Cette table est . . .   Cette table est **en bois (en fer, en verre).**

1. J'habite dans une maison . . .
2. La lampe est . . .
3. Ce mur *(wall)* est . . .
4. La statue est . . .
5. Ce vase est . . .
6. Le Golden Gate Bridge est . . .

La tour et *le tour*

Certains mots français ont des sens différents suivant qu'ils *(depending on whether they)* sont masculins ou féminins. Notez les sens du mot **tour:**

la tour	*tower*	La tour Eiffel est une **tour** métallique.
le tour	*circular path, circuit*	Le **Tour** de France est une course *(race)* cycliste.
	lap	J'ai fait trois **tours de piste** *(track).*
	turn	C'est mon **tour**!
	trick	Connaissez-vous des **tours** de cartes?

▶ Notez les expressions suivantes:

faire un tour	*to go for a (short) walk or ride*	Veux-tu **faire un tour** en ville?
faire le tour (de)	*to go around*	Phileas Fogg **a fait le tour** du monde en 80 jours.
jouer un tour	*to play a trick*	Francine **a joué un tour** à son cousin.

ACTIVITÉ 2 Répondez aux questions suivantes.

1. Allez-vous faire un tour ce week-end? Où allez-vous aller? Avec qui?
2. Faites-vous du jogging? Préférez-vous courir *(to run)* dans la rue ou faire des tours de piste dans un stade?
3. Est-ce que vous avez fait le tour des États-Unis? Aimeriez-vous *(Would you like)* faire le tour du monde?
4. Est-ce que vous jouez des tours à vos amis pour le premier avril? Quels tours?

À VOTRE TOUR — Décrivez un monument américain célèbre *(famous).*

Les verbes suivants sont dans le texte que vous allez lire. Notez le sens de ces verbes.

traverser
> Pour aller du Mexique au Canada, il faut *(one must)* **traverser** les États-Unis.
> Faites attention quand vous **traversez** la rue!

acclamer
> Les électeurs *(voters)* **acclament** le candidat victorieux.
> Des milliers *(Thousands)* de jeunes sont venus **acclamer** les Rolling Stones.

commencer
> La classe **commence** à neuf heures et finit à dix heures.
> Quand **commencent** les vacances?

voler et **survoler**
> Les oiseaux, les moustiques *(mosquitos)* et les abeilles *(bees)* **volent.**
> Cet avion **vole** à haute *(high)* altitude.
> **Survoler,** c'est voler au-dessus de *(over)* quelque chose.
> L'avion **survole** la plaine.

échapper
> Le bandit **a échappé** à la police.
> Avec de la chance *(luck),* nous allons **échapper** à la tempête *(storm).*

apporter et **emporter**
> On **apporte** quelque chose à un endroit *(place);* on **emporte** quelque chose d'un endroit.
> Si vous venez à notre surprise-partie, **apportez** vos disques!
> Si vous voyagez, **emportez** votre appareil-photo avec vous!

23

Il arrive!

Nous sommes le vingt et un mai 1927. Il est dix heures et quart du soir. Au Bourget, l'aéroport de Paris, il fait nuit.° Pourtant,° des milliers d'hommes et de femmes sont là. Que font-ils? Ils regardent le ciel.° Soudain° un point° lumineux apparaît° à l'horizon. C'est un avion.

— Le voilà!
— C'est lui!
— Il arrive!

À dix heures vingt et une, exactement, l'avion se pose° sur l'aérodrome.° Son pilote est le premier homme à traverser l'Atlantique en solo. À l'époque,° cela° représente un exploit° extraordinaire. La foule,° qui attend depuis des heures,° est venue acclamer le héros du jour.

L'aventure a commencé 33 heures et demie avant, à Roosevelt Field, un aérodrome de Long Island. Un homme monte dans son avion. Cet homme, c'est Charles Lindbergh. Il est jeune. Il a vingt-cinq ans. C'est pourtant° un pilote très expérimenté.° C'est l'un des as° de l'aviation américaine.

Le matin du 20 mai 1927, le ciel est gris. Il pleut sur Long Island. La visibilité est mauvaise. Pourtant, Lindbergh a décidé de partir. Il est parti exactement à 7 heures 52. Il y a 5.800 kilomètres entre° New York et Paris. Lindbergh a d'abord° survolé l'état de New York, puis° la Nouvelle-Angleterre et le Canada. Maintenant, c'est l'Atlantique et l'immensité de l'océan. Lindbergh n'a pas de radio. Il ne peut communiquer avec personne.° Oui, il est bien seul° au-dessus de° l'Atlantique.

it's dark out
However
sky; Suddenly; dot; appears

lands
airfield
For that time; that; feat
crowd; which has been waiting for hours

nevertheless; experienced
aces

between; first
then

anyone
alone; above

Les heures passent lentement.° Pendant ces longues heures *slowly*
Lindbergh pense à sa vie.° Très jeune, il s'est engagé° dans *life; enlisted*
l'armée américaine. Il est devenu° officier et il a appris à piloter. *became*
Il a eu plusieurs° accidents. Deux fois,° il a été obligé de sauter° *several; Twice;*
en parachute. Deux fois, il a échappé à la mort.° Il a quitté° *to jump death; left*
l'armée à l'âge de 23 ans et il est entré au service d'une compagnie privée. Pour cette compagnie il a accompli des missions
très dangereuses et il a eu d'autres° accidents . . . *other*

Parce qu'il connaît le danger, Lindbergh a décidé un jour de
réaliser° l'impossible: traverser l'Atlantique. C'est lui qui a *to accomplish*
trouvé l'argent nécessaire à ce projet. C'est lui qui a dessiné° les *drew up*
plans de son avion. Pendant des mois il a préparé le long voyage
transatlantique. Et maintenant le voilà° seul au-dessus de *here he is*
l'océan. Il y a du brouillard.° Il fait froid. *It's foggy.*

Mais Lindbergh résiste au froid. Il résiste à la solitude. Il est
sûr de lui. Il sait que sa mission va réussir.° Après 25 heures de *to succeed*
vol, il aperçoit° la terre.° C'est l'Irlande, puis° l'Angleterre, puis *sees; land; then*
la campagne française. Et finalement, voici Paris!

Quand il descend de son avion, c'est un immense triomphe.
Cent mille personnes applaudissent. Cent mille personnes
veulent toucher le héros. Cent mille personnes veulent emporter
un souvenir° de son avion. Heureusement° la police est là pour *memento; For-tunately*
protéger Lindbergh et son avion . . . *to protect*

Aux États-Unis on apprend vite° la réussite° de Lindbergh. *quickly; success*
À New York la foule en délire° célèbre toute la nuit l'exploit du *very excited*
jeune pilote. Avec cet exploit, un nouveau chapitre dans
l'histoire de l'aviation vient de° commencer! *has just*

AVEZ-VOUS COMPRIS ?

Lisez attentivement les phrases suivantes. Pour chaque phrase, choisissez la terminaison—a, b ou c—qui correspond au texte que vous avez lu.

1. Le voyage de Lindbergh représente un épisode important de l'histoire de l'aviation parce que c'est . . .
   a. le premier voyage aérien de nuit.
   b. la première traversée° Londres–Paris.   *crossing*
   c. la première traversée transatlantique.

2. Au départ, les conditions sont . . .
   a. excellentes.
   b. assez bonnes.
   c. assez mauvaises.

3. Lindbergh a appris à piloter . . .
   a. dans l'armée américaine.
   b. dans l'armée française.
   c. dans un club civil d'aviation.

4. Pendant le voyage, Lindbergh éprouve un sentiment° de . . .   *has a feeling*
   a. solitude.
   b. peur.°   *fear*
   c. frustration.

5. Si le voyage a réussi, c'est parce que . . .
   a. les conditions atmosphériques ont été très favorables.
   b. Lindbergh a bien préparé ce voyage.
   c. le gouvernement américain a financé son projet.

6. D'après° le texte, on peut voir que Lindbergh est un   *According to*
   homme . . .
   a. qui n'aime pas prendre de risques.
   b. qui a beaucoup de courage.
   c. qui est assez pessimiste.

7. À Paris, les Français accueillent° Lindbergh avec . . .   *greet*
   a. enthousiasme.
   b. surprise.
   c. indifférence.

Les conditions atmosphériques

Il fait beau.	*The weather is fine.*
Il fait mauvais.	*The weather is bad.*
Il fait chaud.	*It's hot. It's warm.*
Il fait froid.	*It's cold.*
Il fait jour.	*It's daytime. It's light out.*
Il fait nuit.	*It's nighttime. It's dark out.*
Il y a du soleil.	*It's sunny.*
Il y a du vent.	*It's windy.*
Il y a des nuages.	*It's cloudy.*
Il y a du brouillard.	*It's foggy.*
Il pleut.	*It's raining. It rains.*
Il neige.	*It's snowing. It snows.*
Il gèle.	*It's freezing. It freezes.*

ACTIVITÉ 1 Décrivez le temps qu'il fait dans votre région.

1. Aujourd'hui . . .
2. En janvier . . .
3. En septembre . . .
4. En juillet . . .
5. En avril . . .

 **ACTIVITÉ 2** Lisez les phrases suivantes. Dites quelles sont les conditions atmosphériques en utilisant *(by using)* l'une des expressions du vocabulaire.

▷)) Hélène va à la plage. Elle va nager.
 Il fait beau! (Il y a du soleil!)

1. Marc va sortir. Il met son pull et son manteau.
2. Nicole entend un avion mais elle ne peut pas le voir.
3. Monsieur Dupont conduit *(is driving)* sa voiture. Il fait attention parce que la visibilité est très mauvaise.
4. Isabelle regarde par la fenêtre. Le sol *(ground)* est blanc. Les arbres *(trees)* sont blancs. Les maisons sont blanches. Tout est blanc ce matin.
5. Madame Cuvier va sortir. Elle prend son parapluie *(umbrella)*.
6. Henri fait de la planche à voile *(wind-surfing)*. Il va très très vite *(fast)* aujourd'hui.

À VOTRE TOUR

Scène et dialogue Un journaliste français interviewe Lindbergh dans son hôtel à Paris. Il lui pose *(asks)* des questions sur sa carrière d'aviateur. Il veut aussi connaître les détails de la traversée transatlantique. Lindbergh décrit son voyage. Imaginez le dialogue entre Lindbergh et le journaliste.

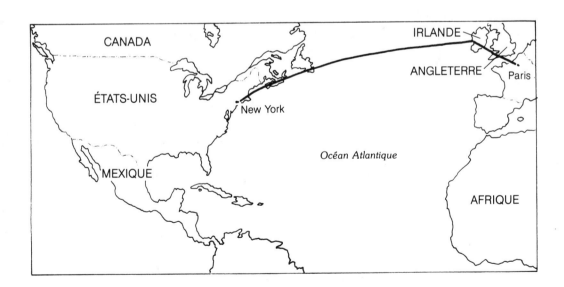

Les noms suivants sont dans le texte que vous allez lire. Notez le sens de ces mots.

un chef-d'oeuvre

Une **oeuvre** est un travail *(work)*, une création, une production.

Une **oeuvre d'art** est l'oeuvre d'un artiste. Il y a beaucoup d'**oeuvres d'art** dans les musées.

Un **chef-d'oeuvre** est une oeuvre de très grande qualité. La «Mona Lisa» est un **chef-d'oeuvre.**

un but

Un **but** est un objectif.

Dans l'existence *(life)* il est important d'avoir un **but.** Quel **but** avez-vous?

un copain

Un **copain** est un ami, un camarade.

Avez-vous beaucoup de **copains?**

un maire

Un pays est gouverné par un président. Une ville est gouvernée par un **maire.**

un château

Un **château** est l'habitation d'un roi *(king)* ou d'une personne très importante.

Le **château de Versailles** était *(was)* l'habitation du roi Louis XIV.

Pendant le Moyen Âge (la période entre 500 et 1400 après Jésus-Christ), on a construit beaucoup de châteaux. Un **château médiéval,** c'est-à-dire *(that is)* un château construit pendant le Moyen Âge, a généralement des fortifications et des **tours.** Ces **tours** sont **rondes** *(round)* ou **carrées** *(square).*

un outil

Un **outil** est un instrument utilisé dans le travail manuel.

le patrimoine

Le **patrimoine** est l'héritage.

Il faut préserver le **patrimoine** national.

Chefs-d'oeuvre en péril!

24

Paul et Monique sont français. Ahmed est algérien. Christian est belge et Silvia est italienne. Ces garçons et ces filles ont entre° dix-sept et vingt ans. Pendant° l'année, ils sont étudiants dans leur pays respectif. En été, ils travaillent ensemble.° Aujourd'hui, ils sont terrassiers,° maçons,° charpentiers. Ils manient° la pelle,° la pioche,° la scie° . . . Pas pour longtemps°! Pour six semaines seulement.° Leur but: restaurer un château médiéval qui° tombe° en ruines.

between; During
together
ground diggers;
bricklayers
handle; shovel;
pickaxe; saw;
for long
only
that; is falling

Le chef° de l'équipe° est une fille, Monique. Elle est grande, sportive, très jolie. C'est elle qui s'occupe° de la bétonnière.¹ Elle explique:° «Le château s'appelle Domeyrat. Je suis venue° à Domeyrat l'année dernière° faire du camping avec des copains. Nous avions° l'intention de rester un jour ici. Quand nous avons vu cette ruine, nous avons eu immédiatement le coup de foudre.° Nous avons décidé de restaurer ce vieux château abandonné. Le maire nous a donné sa permission et de l'argent pour acheter des outils. Nous sommes restés six semaines et nous sommes revenus cette année. Nous avons

leader; team

takes care
explains
came
last

had

we fell in love with it

commencé la restauration par la tour Ouest qui est très endommagée.° Cet été nous allons finir les réparations° les plus urgentes et nous allons revenir l'année prochaine . . .»

damaged; repairs

---

¹Machine qui fait le béton *(concrete)* ou le ciment.

L'exemple du château de Domeyrat n'est pas unique. Il y a en France des centaines° de châteaux ou de monuments historiques qui tombent en ruines. Ces châteaux et ces monuments abandonnés font partie° du patrimoine artistique et historique du pays. Comment peut-on les entretenir,° les réparer, les remettre en état° quand on n'a pas assez d'argent?

hundreds

are part

maintain

put back in shape

Un Français, Pierre de Lagarde, a eu une idée originale et peu° coûteuse.° Pour restaurer une ruine, il faut° un peu de° sens artistique, beaucoup d'énergie et énormément° d'enthousiasme. Il y a des milliers° de jeunes gens et de jeunes filles qui ont toutes° ces qualités et qui veulent passer des vacances intéressantes et pas trop chères. Pourquoi ne pas mobiliser ces bonnes volontés° pendant l'été? Ainsi° sont nés° les «Chantiers° des chefs-d'oeuvre en péril».

not very; costly; one needs; some
lots
thousands
all

wills; Thus; were born; work programs

Un chef-d'oeuvre en péril n'est pas nécessairement un château abandonné. Cela° peut être aussi une ruine romaine, un monastère, une église ou plus simplement une vieille maison du Moyen Âge ou même° tout un° village. Ces monuments, témoins° du passé, Pierre de Lagarde a décidé de les sauver. Chaque° année, il a des centaines de jeunes volontaires° pour l'aider. Ces volontaires ne sont pas tous Français. Il y a des Belges, des Allemands, des Suisses, des Anglais, des Américains . . . Comme° dit Monique, «Ces chantiers d'été, c'est les Nations Unies de la bonne volonté et de la bonne humeur°».

That

even; a whole
witnesses
Every; volunteers

As

good spirit

AVEZ-VOUS COMPRIS ?

Lisez attentivement les phrases suivantes. Pour chaque phrase, choisissez la terminaison—a, b ou c—qui correspond au texte que vous avez lu.

1. Monique et ses amis sont . . .
   a. des étudiants.
   b. des jeunes Français.
   c. des ouvriers° professionnels.

   workers

2. Le château de Domeyrat est . . .
   a. un centre international pour les étudiants.
   b. un musée régional.
   c. un monument en ruine.

3. Les amis ont décidé de restaurer le château . . .
   a. pour faire un terrain de camping.°
   b. pour gagner° de l'argent.
   c. parce qu'ils ont immédiatement aimé ce vieux monument.

   campground
   to earn

4. Le maire a eu pour le projet une attitude . . .
   a. indifférente.
   b. négative.
   c. positive.

5. L'objectif numéro un de Pierre de Lagarde est de . . .
   a. sauver les monuments abandonnés.
   b. créer des emplois° pour les étudiants français.
   c. créer des emplois pour les étudiants étrangers.°

   jobs
   foreign

6. Les participants aux «Chantiers des chefs-d'oeuvre en péril» sont généralement . . .
   a. des volontaires.
   b. des travailleurs° immigrés.
   c. des ouvriers spécialisés.

   workers

7. Monique compare les «Chantiers des chefs-d'oeuvre en péril» aux Nations Unies parce que . . .
   a. ce sont les Nations Unies qui financent les projets.
   b. ce sont les Nations Unies qui organisent ces projets.
   c. les participants viennent de pays différents.

ACTIVITÉ 1 Répondez aux questions suivantes.

1. Est-ce que Paul, Monique et leurs amis font un travail *(job)* intéressant? Pourquoi?
2. Est-ce qu'un peuple *(a people)* a l'obligation de préserver son patrimoine artistique et historique? Pourquoi?
3. Est-ce que votre ville ou votre région a un patrimoine artistique et historique? Quel est ce patrimoine?
4. Est-ce que les monuments de votre ville sont bien entretenus *(kept up)*?
5. Est-ce qu'il y a dans votre ville ou dans votre région des «chefs-d'oeuvre en péril»? Où?

Enrichissez votre **VOCABULAIRE**

Quelques outils
Dans l'atelier *(workshop)*

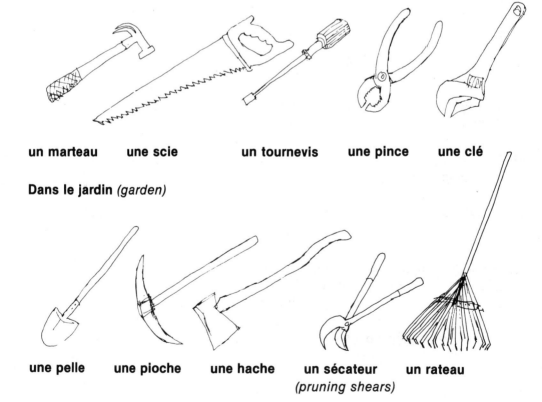

un marteau   une scie   un tournevis   une pince   une clé

Dans le jardin *(garden)*

une pelle   une pioche   une hache   un sécateur   un rateau
(pruning shears)

ACTIVITÉ 2 Lisez ce que *(what)* font les personnes suivantes et dites quel(s) outil(s) elles utilisent.

1. Jacqueline accroche *(is hanging)* un tableau *(painting)* au mur.
2. Sylvie répare sa bicyclette.
3. Denise coupe des roses.
4. Robert et Charles font du camping. Ils coupent du bois pour faire du feu *(fire)*.
5. Madame Lebrun coupe une planche *(board)* en deux.
6. C'est l'automne. Les feuilles *(leaves)* sont tombées. Monsieur Bernard nettoie *(is cleaning)* son jardin.

LES
BONS
OUTILS FONT
LES
BEAUX
JARDINS

Scènes et dialogues

1. Imaginez que vous avez décidé de passer vos vacances avec l'équipe de Monique. Composez un petit dialogue où vous expliquez *(explain)* à Monique qui vous êtes, pourquoi vous voulez faire partie de son équipe, quelles sont vos qualifications, comment vous pouvez contribuer au projet, etc.
2. Dans la ville ou la région où vous habitez, il y a probablement un monument intéressant qui tombe en ruine. Vous proposez au maire de restaurer ce monument. Composez un petit dialogue où vous expliquez au maire votre projet. Décrivez le monument et dites pourquoi, avec qui et comment vous allez le restaurer. Demandez aussi au maire de vous aider dans votre projet.

Préparation à la lecture

Les mots et les expressions suivants sont dans le texte que vous allez lire. Notez le sens de ces mots.

d'occasion

Une marchandise **d'occasion** est une marchandise qui n'est pas neuve *(new)*.

Cette voiture **d'occasion** a 50.000 kilomètres.

un drapeau

Un **drapeau** est l'emblème national d'un pays.

Le **drapeau** français est bleu, blanc et rouge.

un cambrioleur

Un **cambrioleur** est une personne qui pénètre *(enters)* illégalement dans une maison pour prendre certains objets de valeur.

Un **cambrioleur** commet des **cambriolages.**

un voleur

Un **voleur** est une personne malhonnête *(dishonest)* qui prend l'argent des autres.

Un pickpocket est un **voleur.**

Le voleur commet des **vols.**

un meuble

Une table est un **meuble.**

l'or

L'**or** est un métal jaune très précieux.

Le Marché aux Puces

Marché aux Puces
= *Flea Market*

Où acheter un poisson tropical? une cage pour votre perroquet°? des blue-jeans d'occasion? un uniforme de l'armée *parrot* anglaise? des disques de jazz 78 tours? la Bible en japonais (ou en polonais° ou en turc)? une tête de rhinocéros? une armure° *Polish; armor* ancienne? un drapeau égyptien? La réponse est simple! Allez au Marché aux Puces!

Le Marché aux Puces de Paris a été imité dans beaucoup de grandes villes, mais il n'a jamais été égalé.° C'est toujours le *equalled* premier marché aux puces du monde.

On ne connaît pas l'origine exacte de ce fameux marché. Le Marché aux Puces a probablement commencé vers° 1880. À ce moment-là,° Paris était° un centre commercial très actif où étaient° échangées les marchandises du monde entier.° C'était aussi une ville où la criminalité était très élevée.° Chaque° jour de nombreux° cambriolages avaient lieu.° Les voleurs, les cambrioleurs, les escrocs° avaient besoin° d'un endroit° pour vendre ou échanger le produit de leurs vols. C'est ainsi° qu'ils ont choisi un terrain vague° à l'extérieur de Paris. Peu° après, des marchands d'objets anciens ont installé leurs boutiques près de cet endroit. Bientôt° la commerce honnête a remplacé le traffic illégal d'objets volés et le Marché aux Puces est devenu un marché tout à fait° respectable. Ce marché a attiré° un grand nombre de Parisiens désireux° d'acheter des objets à bon prix.

Aujourd'hui le Marché aux Puces est l'un des plus grands marchés du monde. Plus de 2.000 commerçants° y vendent leurs marchandises qui sont essentiellement des marchandises d'occasion. Il y a plusieurs° sections spécialisées: vêtements, ustensiles de cuisine, instruments de musique, meubles, objets d'art, etc. . . .

around
At that time; was
were; whole world
high; Every numerous; took place
swindlers; needed; a place
That's why
empty field; Shortly

Soon

completely; attracted
wishing

shopkeepers

several

L'avantage du Marché aux Puces est la quantité et la diversité extraordinaires des choses qu'on peut acheter. Si vous ne trouvez pas quelque chose dans un magasin ordinaire, ne désespérez° pas! Allez au Marché aux Puces et vous trouverez° votre objet . . . à condition évidemment° d'être patient! Et si vous avez de la chance, vous découvrirez° peut-être un objet rare: le premier album des Beatles, une photo originale de Buffalo Bill ou une montre en or pour le prix d'une montre ordinaire . . .

Chaque année le Marché aux Puces reçoit° 10 millions de visiteurs: des acheteurs° d'objets utiles° ou insolites,° des touristes, des amoureux° du passé, des rêveurs,° ou simplement des curieux comme° vous et moi!

lose hope; will find
obviously
will discover

welcomes
buyers; useful; odd
lovers; dreamers
like

AVEZ-VOUS COMPRIS ?

Lisez attentivement les phrases suivantes et dites si elles sont vraies (V) ou fausses (F). Si elles sont fausses, rectifiez-les *(correct them).*

V F 1. Le Marché aux Puces est le nom d'un grand magasin de Paris.

V F 2. Le Marché aux Puces de Paris a été copié sur° le Marché aux Puces de Madrid.

from

V F 3. À l'origine, le Marché aux Puces était le centre d'un commerce illégal.

V F 4. En général les marchandises vendues au Marché aux Puces sont des marchandises qui ont déjà servi.°

already been used

V F 5. Généralement, ces marchandises sont moins chères que dans les autres magasins.

V F 6. Si vous êtes musicien, vous pouvez acheter une guitare ou un banjo d'occasion au Marché aux Puces.

V F 7. C'est au Marché aux Puces que les Beatles ont vendu leur premier album.

V F 8. Le Marché aux Puces est situé au centre de Paris.

Les achats *(Purchases)*
Où fait-on ses achats?

un marché

Un marché est un endroit public où on vend différents produits.

Certains marchés sont spécialisés: marché aux fleurs *(flowers)*, marché aux poissons . . .

Un **marchand** (une **marchande**) vend des **marchandises.**

Une marchandise est **chère** si son prix est élevé *(high)*. Elle est **bon marché** si son prix n'est pas trop élevé.

Marchander, c'est discuter *(discuss, argue over)* le prix d'une marchandise. En général les prix sont fixes et on ne peut pas marchander.

un supermarché

Un **supermarché** est un grand magasin pour les produits d'alimentation (fruits, légumes, boissons, etc. . . .) et les produits usuels *(everyday)*.

un hypermarché

Un **hypermarché** est un très grand supermarché.

un magasin

Un **magasin** est un établissement commercial spécialisé dans la vente *(sale)* de certaines marchandises: magasin de vêtements, magasin de disques, librairie, etc. . . .

une boutique

Une **boutique** est généralement plus petite qu'un magasin.

plein *full*

Comment fait-on ses achats?

Imaginez que vous allez dans un supermarché. À l'entrée, vous prenez un **panier** *(basket)* ou un **chariot** *(shopping cart)* pour transporter les marchandises que vous allez acheter. Vous passez par les différents **rayons** *(departments)* où vous choisissez ces marchandises. Quand vous avez fini vos achats, vous passez à la **caisse** *(cash register)*. Vous donnez de l'argent à la **caissière** *(cashier)* et elle vous rend la **monnaie** *(change)*. Ne comptez pas sur la caissière pour mettre vos achats dans un **sac** *(bag)*. En France, c'est vous qui devez faire ce travail.

Quelques quantités
un kilo de pommes
un litre de lait
un paquet de spaghetti
un sac de pommes de terre
une bouteille de parfum
un tube de dentifrice *(toothpaste)*
une boîte *(can)* de sardines
un pot de moutarde *(mustard)*

Petites conversations

Notez les expressions en caractères gras dans les conversations suivantes.

À l'épicerie

— Bonjour, Madame.
— Bonjour, Mademoiselle. **Vous désirez?**
— Un kilo de sucre et un paquet de farine.°   *flour*
— Voilà, Mademoiselle. **C'est tout?**
— Oui, c'est tout! C'est combien?
— Vingt francs.

À la pharmacie

— Bonjour, Monsieur. Vous désirez?
— Avez-vous du dentifrice?
— Bien sûr. Quelle **marque**° désirez-vous?   *brand*
— Je voudrais un tube de Colgate.
— Voilà. C'est 12 francs 70.
— Voilà deux pièces de dix francs.
— Et voilà votre monnaie!
— Merci, Madame.
— **À votre service!**

À la papeterie

— Vous désirez, Mademoiselle?
— Du papier à lettres.
— **Et avec ça?**
— Un paquet d'enveloppes et deux timbres.
— Voici les enveloppes, mais **je regrette,** nous n'avons pas de timbres.
— **Combien est-ce que je vous dois°?**   *owe*
— 18 francs.
— Voilà. Au revoir, Monsieur.
— Au revoir, Mademoiselle. Merci!

À VOTRE TOUR

Scènes et dialogues Composez des petits dialogues correspondant aux situations suivantes. Jouez ces dialogues en classe.

1. Nicole passe à la boulangerie. Elle achète deux croissants. Les croissants coûtent huit francs.
2. Pour l'anniversaire de sa mère, Roger a décidé de lui acheter une bouteille de son parfum préféré, «Diorissimo». Il passe dans une parfumerie.
3. Madame Smith, une touriste américaine, passe dans une papeterie. Elle désire acheter des cartes postales, le guide Michelin de Paris et un dictionnaire anglais–français. La papeterie n'a pas le dictionnaire.
4. Élisabeth a invité cinq amis à un pique-nique. Elle passe dans différents magasins pour faire ses achats pour le pique-nique.

Les mots suivants sont dans le texte que vous allez lire. Notez le sens de ces mots.

NOMS

la guerre
> La **guerre** est le contraire de la **paix**.
> En 1941, les États-Unis ont déclaré la **guerre** au Japon.

une défaite
> Une **défaite** est le contraire d'une **victoire**.

une bataille
> Une **bataille** oppose deux armées ennemies.
> Les **batailles** de Concord et de Lexington ont été les premières batailles de la guerre d'Indépendance.

un combat
> Un **combat** oppose aussi deux adversaires.

un soldat
> Un **soldat** est un homme qui sert *(serves)* dans une armée.

les morts et **les blessés**
> Dans une guerre, il y a souvent beaucoup de victimes. Parmi *(Among)* les victimes il y a des **morts** et des **blessés**.
> On transporte les **morts** au cimetière et les **blessés** à l'hôpital.

VERBES

interdire
> **Interdire,** c'est refuser une permission.
> Est-ce que vos parents vous **interdisent** de sortir le samedi soir?

gagner
> **Gagner** est le contraire de **perdre**.
> En général, quand vous jouez au tennis, est-ce que vous **gagnez** ou est-ce que vous **perdez?**

oublier
> **Oublier,** c'est perdre la mémoire d'un événement ou d'une personne.
> N'**oubliez** pas la date de l'examen!

26

Un champion de la liberté: La Fayette (1757-1834)

Nous sommes en 1777 pendant la guerre d'Indépendance américaine. Cette guerre a mal° commencé pour les patriotes américains. Il y a eu des batailles. Il y a eu des défaites. Le 11 septembre de cette année-là, les Anglais ont attaqué les troupes de Washington à Brandywine, près de Philadelphie. C'est une autre défaite. On déplore beaucoup de morts, beaucoup de blessés dans le camp américain. Parmi° les blessés, il y a un général. C'est un très jeune homme. Il a juste vingt ans. Il s'appelle La Fayette.

badly

Among

Qui est ce jeune La Fayette? Un aventurier°? Certainement! *adventurer*
Mais c'est surtout° un idéaliste. La Fayette est un aristocrate *above all*
français. Il est issu° d'une famille noble très illustre° et très *comes from; famous*
riche. En France, il pouvait° faire une carrière° très brillante *could; have a career*
dans l'armée, dans la diplomatie ou dans la politique. Il a
préféré se battre° aux côtés° des Américains—«pour la liberté!» *fight; at the sides*

Un jour, en effet,° quelqu'un lui a parlé de la Révolution *in fact*
américaine. Quelques° jours après, La Fayette a pris contact° *A few; got in touch*
avec Benjamin Franklin, l'ambassadeur américain à Paris.
Après cette entrevue,° il a décidé de rejoindre° les patriotes *meeting; join*
américains, de combattre° avec eux. Cela° n'a pas été facile. Le *fight; That*
roi Louis XVI lui a interdit de partir. Que faire? La Fayette était° *was*
un jeune home déterminé avec beaucoup d'imagination et beaucoup d'argent. Il a quitté la France clandestinement.° Il est allé *secretly*
en Espagne où il a acheté un bateau qu'il a nommé° *La Victoire.* *named*
C'est sur ce bateau qu'il est arrivé aux États-Unis le 13 juin
1777. Le 31 juillet, le Congrès l'a nommé général. À Brandywine, deux mois plus tard,° La Fayette a participé à son premier *later*
combat et il a été blessé . . .

Après la bataille, Washington a rendu visite au jeune
général. Les deux hommes sont devenus de grands amis. Pendant quatre ans, La Fayette a pris part à tous les combats, à
toutes les opérations importantes de la guerre d'Indépendance.

La Fayette n'a pas seulement° été un courageux soldat, il a aussi joué un rôle diplomatique très important. En 1779 il est rentré en France pour défendre la cause des Américains. Il est allé parler à la reine.° Il est allé parler au roi.° Cette fois-ci,° le roi l'a écouté. Il a promis de l'argent. Il a promis des armes, des munitions, des vivres.° Il a surtout promis une armée de 10.000 hommes. C'est avec l'aide° de l'armée et de la marine° françaises que Washington a gagné la bataille décisive de Yorktown . . .

Les Américains n'ont pas oublié La Fayette et le sacrifice des soldats français qui sont morts pour l'indépendance américaine. En 1917, les États-Unis ont envoyé° leurs troupes pour aider la France pendant la Première Guerre mondiale.° Quand il est arrivé en France, le commandant de ces troupes a salué la mémoire du héros de l'indépendance américaine en disant°: «La Fayette, nous voilà!»

only

queen; king; This time

food supplies

help; navy

sent

World War I

saying

AVEZ-VOUS COMPRIS ?

Voici douze phrases concernant le texte que vous avez lu. Dites si ces phrases sont vraies (V) ou fausses (F). Rectifiez *(Correct)* chaque phrase fausse.

V F 1. La guerre d'Indépendance a opposé les Anglais et les Américains.

V F 2. Brandywine est une victoire américaine importante.

V F 3. La Fayette est venu aux États-Unis par idéalisme.

V F 4. La Fayette était un jeune homme d'origine très modeste.

V F 5. Benjamin Franklin a habité en France.

V F 6. La Fayette a désobéi au roi Louis XVI.

V F 7. La Fayette a été nommé général à cause de son héroïsme à la bataille de Brandywine.

V F 8. La Fayette est devenu° l'ami de Washington.   *became*

V F 9. La France est restée neutre° pendant la guerre d'Indépendance américaine.   *neutral*

V F 10. Beaucoup de soldats français sont morts pour l'indépendance américaine.

V F 11. La Fayette est rentré en France en 1917.

V F 12. Les Américains ont aidé les Français pendant la Première Guerre mondiale.

Enrichissez votre **VOCABULAIRE**

Les «faux amis» *(False cognates)*

Les «faux amis» sont des mots français qui ressemblent à des mots anglais, mais qui ont une signification très différente. Le verbe **blesser** est un faux ami. Il ne signifie pas *to bless* mais *to injure, to hurt, to wound*. Voici certains «faux amis».

blesser	*to hurt*	Vos remarques me **blessent.**
	to injure	Paul a été **blessé** en jouant au football.
un blessé	*wounded (person)*	Il y a eu beaucoup de **blessés** dans cette bataille.
(to bless = **bénir***)*		

attendre	*to wait, to wait for*	Nous **attendons** le bus.
(to attend = **assister à**		
[un concert, une classe . . .])*		

assister à	*to be present at, to attend*	As-tu **assisté** au concert?
(to assist = **aider quelqu'un***)*		

heurter	*to bump into*	La voiture **a heurté** le mur.
(to hurt = **faire mal à, blesser***)*		

quitter	*to leave*	Nous **avons quitté** la maison à une heure.
(to quit = **abandonner***)*		

rester	*to stay*	Nous **sommes restés** un mois à Paris.
(to rest = **se reposer***)*		

ACTIVITÉ

Complétez les phrases avec les mots qui conviennent *(that fit)* logiquement.

1. Jacques n'est pas patient. Il n'aime pas . . .
2. Cécile a acheté deux billets. Avec qui est-ce qu'elle va . . . au match de football?
3. Oh là là! Quel mauvais temps! Je ne sors pas. Je vais . . . à la maison.
4. Les touristes partent demain. Ils vont . . . l'hôtel à midi.
5. Henri a eu un accident. Heureusement il n'est pas . . .

À VOTRE TOUR

Scènes et dialogues In 1779, La Fayette retourne en France. Il arrive à Versailles où il obtient une audience du Roi. Il parle de ses aventures, de sa rencontre *(meeting)* avec Washington. Il parle aussi de la situation de l'armée continentale et il demande au roi d'aider les patriotes américains. Louis XVI écoute La Fayette et il décide d'aider les Américains. Imaginez l'entrevue entre La Fayette et Louis XVI.

Les réponses correctes

Lecture 1 **Activité 1**

1. (i) léopard 2. (h) physique 3. (f) banane 4. (a) touriste 5. (d) omelette
6. (e) aspirine 7. (b) raquette 8. (k) oncle 9. (j) moteur 10. (g) aluminium

Activité 2

	sports	politique	économie	faits divers
1.	X			
2.			X	
3.			X	
4.				X
5.	X			
6.		X		
7.	X			
8.				X
9.			X	
10.				X

Lecture 8 **Activité**

1. Ils sont allemands. 2. Elle est suisse. 3. Elle est italienne. 4. Il est russe.
5. Elle est mexicaine. 6. Elle est canadienne. 7. Il est japonais. 8. Il est
égyptien.

Lecture 9 **Avez-vous compris?**

1. Bravo! 2. Joyeux anniversaire! 3. Bon voyage! 4. Félicitations! 5. Bonne
chance! 6. Pardon! 7. Au feu! 8. Zut! 9. Au secours!

Lecture 10 **Avez-vous compris?**

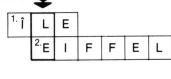

1. ÎLE
2. EIFFEL
3. VILLE
4. SOURCE
5. SCULPTEUR
6. MERVEILLE
7. PEINTRE
8. PEUPLE

Activité 1

1. amplifie 2. signifie 3. justifie 4. modifient 5. simplifient 6. clarifier
7. certifions 8. notifie

Activité 2

1. rend visite à 2. visite 3. visitez 4. rends visite à 5. rendent visite à
6. visite 7. visitent 8. rends visite à

Lecture 11   **Avez-vous compris?**

1. c 2. c 3. b 4. a 5. b 6. b 7. c

Activité

1. dangereuse 2. précieux 3. superstitieuse 4. furieux 5. amoureux
6. méticuleuse 7. généreuses 8. courageux (aventureux) 9. paresseux

Lecture 12   **Activité**

1. les tortues 2. un requin 3. un singe 4. un écureuil 5. un serpent 6. une
grenouille 7. un chameau 8. les baleines

Lecture 13   **Avez-vous compris?**

1. le 14 juillet 2. Mardi Gras 3. la Chandeleur (2 février) 4. Noël (25 décembre) 5. la fête des Rois (6 janvier) 6. la fête du Travail (1er mai)

Activité 1

1. décorer 2. hésiter 3. participer 4. créer 5. imiter 6. récupérer 7. tolérer
8. exagérer 9. apprécier 10. irriter

Lecture 14   **Activité**

1. Nous sommes en retard. Nous avons dix minutes de retard. 2. Ils sont
an avance. Ils ont une heure d'avance. 3. Charles est en avance. Il a 15
minutes d'avance. Béatrice est en retard. Elle a 15 minutes de retard.

Lecture 15   **Avez-vous compris?**

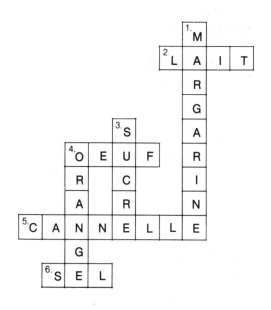

Lecture 16 **Avez-vous compris?**

1. C'est poli. 2. C'est poli. 3. Ce n'est pas poli. 4. Ce n'est pas poli. 5. Ce n'est pas poli. 6. C'est poli. 7. Ce n'est pas poli. 8. C'est poli.

Activité 2

1. amène 2. amenez 3. apporter 4. apporte 5. amène 6. apporte

Activité 3

1. Elle utilise un bol et une cuillère. 2. Il utilise une tasse et une petite cuillère. 3. Il utilise un verre. 4. Nous utilisons un bol et une petite cuillère. 5. Vous utilisez un bol et une cuillère. 6. Tu utilises une assiette et une fourchette. 7. J'utilise une assiette, une fourchette et un couteau.

Lecture 17 **Activité 1**

1. centre 2. chambre 3. cidre 4. lettre 5. monstre 6. novembre 7. ordre 8. offre

Lecture 18 **Avez-vous compris?**

1. a 2. c 3. c 4. a 5. a

Activité 1

1. deuxième 2. sixième 3. seizième 4. quarante-neuvième 5. cinquième 6. vingt et unième 7. soixantième

Lecture 19 **Avez-vous compris?**

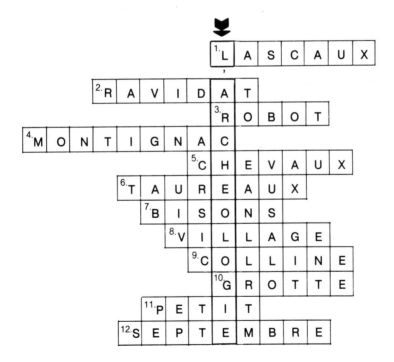

Activité 1

1. descendent de 2. entre dans 3. monte sur 4. montons dans 5. descendez dans 6. entre dans 7. montent dans 8. descend de

Lecture 20   **Avez-vous compris?**
1. capitale 2. champs 3. Arabes 4. nez 5. fleurs 6. alcool
Le parfum: CHANEL
Activité 2
1. une parfumerie 2. une confiserie 3. une crémerie 4. une boulangerie
5. une papeterie 6. une librairie

Lecture 22   **Avez-vous compris?**
1. a 2. c 3. c 4. b 5. a 6. c

Lecture 23   **Avez-vous compris?**
1. c 2. c 3. a 4. a 5. b 6. b 7. a
Activité 2
1. Il fait froid (Il gèle)! 2. Il y a des nuages (du brouillard)! 3. Il fait mauvais
(Il pleut, Il neige)! 4. Il neige! 5. Il pleut! 6. Il y a du vent!

Lecture 24   **Avez-vous compris?**
1. a 2. c 3. c 4. c 5. a 6. a 7. c
Activité 2
1. Elle utilise un marteau. 2. Elle utilise un tournevis et un clé. 3. Elle
utilise un sécateur. 4. Ils utilisent une hache. 5. Elle utilise une scie. 6. Il
utilise un rateau.

Lecture 25   **Avez-vous compris?**
1. F: C'est un marché. 2. F: Le Marché aux Puces de Paris a servi de
modèle. 3. V 4. V 5. V 6. V 7. F: Mais on peut peut-être trouver le premier
album des Beatles au Marché aux Puces. 8. F: Il est situé à l'extérieur de
Paris.

Lecture 26   **Avez-vous compris?**
1. V 2. F: Brandywine est une défaite. 3. V 4. F: Il est issu d'une famille noble très illustre et très riche. 5. V 6. V 7. F: Il a été nommé général deux
mois avant la bataille de Brandywine. 8. V 9. F: La France a aidé les
Américains. 10. V 11. F: Il est rentré en France en 1779. 12. V.
Activité
1. attendre 2. assister 3. rester 4. quitter 5. blessé

Vocabulaire français-anglais

This vocabulary contains all the words that appear in *Panorama 1* except obvious cognates. Verbs are listed in the infinitive form.

The following abbreviations are used: *m.* masculine; *f.* feminine; *pl.* plural; *p. part.* past participle.

a

à to, in, at, from
abandonné abandoned
abandonner to abandon, quit
un **abbé** abbot
une **abeille** bee
abord: d'abord first
absolument absolutely **il faut absolument** it is imperative
abstrait abstract
acadien (acadienne) Acadian
acclamer to acclaim, cheer
accomplir to accomplish
accord: d'accord okay **être d'accord** to agree
accrocher to hook, hang
accueillir to greet
un **achat** purchase
acheter to buy
un **acheteur** buyer
l' **acier** *m.* steel
actif (active) active
actuellement now
un **admirateur** admirer
adopté adopted
adorer to love, adore
un **adversaire** adversary, opponent
aérien (aérienne) air
un **aérodrome** airfield
affectueusement affectionately
une **affiche** sign
africain African
l' **Afrique** *f.* Africa
agréer to accept
l' **aide** *f.* help
aider to help, assist
aimant who likes
aimer to like
aimerais would like
ainsi thus

air: avoir l'air to seem
ajouter to add
un **album** book, album
l' **alcool** *m.* alcohol
algérien (algérienne) Algerian
l' **alimentation** *f.* food
les **aliments** *m. pl.* food
allant: en allant by going
l' **Allemagne** *f.* Germany
allemand German
l' **allemand** *m.* German *(language)*
aller to go
un **allié** ally
allô! hello!
allumer to light
une **allumette** match
alors then **alors que** whereas
un **alpiniste** mountain climber
l' **aluminium** *m.* aluminum
amener to bring *(a person)*
américain American
un **Américain** American
l' **Amérique** *f.* America
l'Amérique du Nord North America **l'Amérique du Sud** South America
un **ami, une amie** friend
amicalement love
amitiés best regards
amoureux (amoureuse) in love
un **amoureux** lover, fan
une **ampoule** light bulb
amusant amusing, fun
un **an** year **avoir ... ans** to be ... (years old) **le Jour de l'An** New Year's Day
un **ananas** pineapple
un **ancêtre** ancestor

ancien (ancienne) ancient, old, former

anglais English

l' **anglais** *m.* English *(language)*

l' **Angleterre** *f.* England

une **année** year **bonne année** happy New Year

un **anniversaire** birthday, anniversary **joyeux anniversaire!** happy birthday!

annonces: les petites annonces *f.* want ads

annuel (annuelle) annual

annulé cancelled

août August

apercevoir to see

apparaître to appear

un **appareil** device **à l'appareil** on the phone **un appareil-photo** camera

apparenté: un mot apparenté: cognate

appeler to call **je m'appelle** my name is **s'appeler** to be named, called

l' **appétit** *m.* appetite **bon appétit!** enjoy your meal!

applaudir to applaud

apporter to bring *(a thing)*

apprécié appreciated

apprécier to appreciate

apprendre to learn

approcher to approach

approprié appropriate

après after **d'après** according to

un **après-midi** afternoon **de l'après-midi** in the afternoon, P.M.

un **arbre** tree

arbitraire arbitrary

l' **argent** *m.* money **l'argent de poche** pocket money

argentin Argentinian

l' **Argentine** *f.* Argentina

armé armed

une **armée** army

l' **armistice** armistice, truce

une **armure** armor

arrêter to arrest, stop

une **arrivée** arrival

un **artiste, une artiste** artist

un **as** ace

un **ascenseur** elevator

ascension: faire l'ascension de to climb

l' **Asie** *f.* Asia

un **aspect** appearance

assez rather

une **assiette** plate

assister à to attend, watch, be present at

un **astre** star

astucieux (astucieuse) resourceful, astute, clever

un **atelier** workshop

attaquer to attack

attendre to wait (for)

attention! careful! watch out! **faire attention à** to be careful of

attentivement carefully

attirer to attract

au (à + le) to (the), in (the), at (the) **au revoir** good-by **au total** in total

aucun: ne . . . aucun no, not any

au-dessus de over

augmenter to increase

aujourd'hui today

aussi also

un **Australien, une Australienne** Australian

un **autobus** bus

l' **auto-école** *f.* driver's education

l' **automne** *m.* autumn

un **auto-portrait** self-portrait

l' **autorité** *f.* authority

autour de around

autre other **d'autres** other

un **autre** another **les autres** other people

avance: avoir . . . d'avance to be . . . early **être en avance** to be early

avant before **avant tout** above all

avec with

l' **avenir** *m.* future **projets d'avenir** plans for the future

l' **aventure** *f.* adventure

aventureux (aventureuse) adventurous

un **aviateur** aviator, pilot
un **avion** airplane
avoir to have   **avoir . . . ans** to be . . . (years old)
avril April

b

des **bagages** *m. pl.* baggage
baisers: bons baisers kisses
un **bal** ball, dance
une **balance** scale
une **baleine** whale
une **balle** ball
un **ballon** balloon
une **bande dessinée** cartoon
une **banque** bank
bas: plus bas lower down
une **bataille** battle
un **bateau** boat
un **batteur électrique** electric mixer
battre to beat, defeat   **se battre** to fight
beau (belle, bel; beaux) beautiful, handsome   **il fait beau** the weather is fine
beaucoup (de) a lot, many
belge Belgian
la **Belgique** Belgium
belle beautiful
bénir to bless
besoin: avoir besoin de to need
le **béton** concrete
le **beurre** butter
le **bicarbonate de soude** baking soda
une **bicyclette** bicycle
bien well   **bien à toi (vous)** yours truly   **bien sûr** of course
bientôt soon   **à bientôt** see you soon
un **bifteck** steak
bille: un stylo à bille ball-point pen
un **billet** ticket
un **bison** bison, buffalo
bizarre strange
blanc (blanche) white
un **blessé** wounded person
blesser to injure, hurt, wound

bleu blue
bloqué trapped
boire to drink
le **bois** wood
une **boisson** drink
une **boîte** box, can   **une boîte à lettres** mailbox
un **bol** bowl
bon (bonne) good   **bon voyage!** have a good trip!
le **bonheur** luck
bonjour hello, good morning, good afternoon
bonsoir good night
bord: à son bord on board
Bordeaux *city in southwestern France*
le **bordeaux** Bordeaux (wine)
une **bouche** mouth
un **boucher, une bouchère** butcher
une **boucherie** butcher shop
un **boulanger, une boulangère** baker
une **boulangerie** bakery
une **boum** party
le **bourgogne** Burgundy (wine)
le **boursin** Boursin (cheese)
une **bouteille** bottle
une **boutique** boutique, shop
le **Brésil** Brazil
brésilien (brésilienne) Brazilian
le **brie** Brie (cheese)
brièvement briefly
brillant brilliant, bright
la **brique** brick
brouillard: il y a du brouillard it's foggy
broyer to grind
un **bruit** noise
brun dark-haired, brown
Bruxelles Brussels *(city in Belgium)*
un **buffle** (water) buffalo
un **bureau** office
un **but** goal, purpose, objective

c

ça va? how are you?
un **cadeau** gift
la **caisse** cash register

une **caissière** cashier
calculé calculated
un **calendrier** calendar
un **camarade** friend
un **cambriolage** burglary
un **cambrioleur** burglar
le **camembert** Camembert (cheese)
une **caméra** movie camera
le **Cameroun** Cameroon (country in Africa)
la **campagne** country, countryside
camping: faire du camping to go camping
le **Canada** Canada
canadien (canadienne) Canadian
un **candidat** candidate, applicant
la **canne** cane, sugar cane
la **cannelle en poudre** powdered cinnamon
capricieux (capricieuse) capricious
un **caractère** character **des caractères gras** boldface type
le **Carnaval** Carnival
carré squared, square
une **carrière** career
une **carte** card **une carte postale** postcard
un **cas** case
une **case** box
un **casse-cou** daredevil
cause: à cause de because of
ce (c') it **ce que** what **ce sont** these are, those are, they are **c'est** it's, he is
ce (cet, cette; ces) this, that (these, those)
cela that
célèbre famous
célébré celebrated
célébrer to celebrate
cent (one) hundred
des **centaines** f. pl. hundreds
cependant however
la **céramique** ceramics, pottery
un **cerf** deer
une **cerise** cherry
certain certain, some **certains** some people
certainement certainly
ces these, those

c'est (see **ce**)
c'est-à-dire that is (to say)
cet this, that
cette this, that
le **chablis** Chablis (wine)
chacun each
une **chaîne-stéréo** stereo set
une **chambre** bedroom
un **chameau** camel
un **champ** field
un **championnat** championship
la **chance** chance, luck **bonne chance!** good luck!
la **Chandeleur** Candlemas
une **chanson** song
chanter to sing
un **chantier** work program
un **chapeau** hat
un **chapitre** chapter
chaque each
un **char fleuri** float
un **chariot** shopping cart
charmeur (charmeuse) charming, engaging
un **charpentier** carpenter
la **chasse** chase, hunt
chassé chased
un **chat** cat
un **château** castle
chaud: il fait chaud it's hot, it's warm (weather)
le **chauffage** heat
une **chaussure** shoe
un **chef** leader
un **chef-d'oeuvre** masterpiece
une **cheminée** fireplace
une **chemise** shirt
une **chemisette** short-sleeved shirt, tennis shirt
chercher to look for, get
cher (chère) expensive
un **cheval** (pl. **chevaux**) horse
chez at, to **chez le marchand de journaux** (at, to) the newspaper vendor's **chez soi** at home
un **chien** dog
un **chiffre** number
la **chimie** chemistry
chimique chemical
un **chimiste** chemist

la **Chine** China
chinois Chinese
un **Chinois** Chinese person
choisir to choose
un **choix** choice
une **chose** thing **quelque chose**
something
une **chute** waterfall
le **ciel** sky
le **ciment** cement
un **cimetière** cemetery
le **cinéma** movies
un **cinéma** movie theater
cinq five
cinquante fifty
cinquième fifth
une **circonstance** circumstance
un **cirque** circus
des **ciseaux** *m. pl.* scissors
une **cité** city
un **citron** lemon
civil civilian
clandestinement secretly
le **classement** ranking
classer to classify
classique classical
une **clé** wrench
une **cloche** bell
un **cochon** pig
un **collège** junior high school
une **colline** hill
combattre to fight
combien how many, how much
combiner to combine
une **comédie musicale** musical
comedy
un **commandant** commander
comme like, since, as
commémorer to commemorate
le **commencement** beginning
commencer to begin
comment how
un **commerçant** shopkeeper
commettre to commit
commun common
communiquer to communicate
une **compagnie** company
un **compagnon** companion
comparaison: en comparaison in
comparison
complément object

complet (complète) complete
compléter to complete
comprendre to understand
compris: avez-vous compris? did
you understand?
compte: se rendre compte to
realize
compter to count
un **compteur de vitesse** speedometer
concernant concerning
un **concours** competitive exam
conduire to drive
une **confiserie** candy shop
un **confiseur, une confiseuse** candy
shop owner or candy seller
la **confiture** jam **la confiture de
cerises** cherry jam **la confiture de fraises** strawberry jam
un **conflit** conflict
un **congé** holiday **un jour de
congé** day off
la **connaissance** knowledge
connaître to know
des **conseils** *m. pl.* advice
consister (à) to consist in
un **consommateur, une consommatrice**
consumer
consommer to consume
constituer to constitute
un **constructeur** builder
construire to construct
construit (*p. part. of* **construire**)
built
contact: prendre contact to get in
touch
contenir to contain
content happy
continuellement continually
le **contraire** opposite **au contraire** on the other hand
une **contrariété** annoyance
contre against
contribuer to contribute
convient: qui convient that fits
un **copain** friend
Copenhague Copenhagen (*capital
city of Denmark*)
copié copied
un **coq** rooster
cordialement cordially
une **corne** horn

correctement properly
correspondant corresponding
un **correspondant** pen pal
côté: à côté de at the side of
un **coude** elbow
une **couleur** color
le **coup: avoir le coup de foudre** to
fall in love
une **coupe** cup
couper to cut
courageux (courageuse) brave,
courageous
courir to run
un **cours** course, class
une **course** race
court short
un **couteau** knife
coûter to cost
coûteux (coûteuse) costly
une **coutume** custom
le **couvert** place setting
une **cravate** necktie
un **crayon** pencil
créer to create
une **crémerie** dairy shop
un **crémier, une crémière** dairy shop
owner or seller
une **crêpe** French pancake
une **crise** crisis
croire (à) to believe (in) **croire
que** to think that
un **Croisé** Crusader
un **croissant** crescent roll
un **crustacé** shellfish
cube cubic
cubique cubic
une **cuillère** spoon **une cuillère à
café** teaspoon (coffee spoon)
une petite cuillère teaspoon
cuire to bake
la **cuisine** cooking
cuit (*p. part of* **cuire**) cooked
le **cuivre** copper
cultivé cultivated
cultiver to cultivate, grow
curieux (curieuse) curious
un **curieux** curious person

d

d' (*see* **de**)

d'abord first
d'accord okay
la **dactylo** typing
une **dame** lady, woman
dans in
danser to dance
d'après according to
un **dauphin** dolphin
d'autres other
de of, on, from, to, any
une **déception** disappointment
décimé destroyed
décisif (décisive) decisive
un **décorateur, une décoratrice**
decorator **un décorateur
d'intérieur** interior decorator
décorer to decorate
les **decors** *m. pl.* scenery
découper to cut out
une **découverte** discovery
découvrir to discover
décrire to describe
décrit (*p. part of* **décrire**)
described
dédié dedicated
une **défaite** defeat
un **défaut** fault
défendre to defend
un **défilé** parade
dehors outside
déjà already
délicieux (délicieuse) delicious
délire: en délire very excited
demain tomorrow
demander to ask (for)
demi half
une **demi-finale** semifinal
démouler to remove from a pan
le **dentifrice** toothpaste
un **départ** departure
dépendre to depend
dépenser to spend
déplorer to deplore, regret
depuis since then, for
dérivé derived
dernier (dernière) last
derrière behind
des of (the), any, some
descendre dans to go down into
descendre de to get out of, get
off of

désespérer to despair, lose hope
désirer to wish, want **vous désirez?** what would you like?
désireux wishing
désobéir to disobey
désolé sorry
le dessin art, drawing
un dessin drawing, sketch
un **dessinateur, une dessinatrice** drawer, artist
dessiner to draw, draw up
déterminé determined
détester to dislike, hate
deux two **les deux** both
deuxième second
devant front
développé developed
devenir to become
devoir should, to have to, to owe
difficile hard, difficult
dimanche m. Sunday
dîner to have dinner
la diplomatie diplomacy
dire to say, tell
directement straight
une **directeur, une directrice** director
un dirigeable dirigible, airship
disant: **en disant** saying
une discipline discipline, subject
discret (discrète) discreet
discuter to discuss, argue over
disputer to play
un disque record
distingué distinguished
divers: **les faits divers** m. pl. general interest stories
dix ten
d'occasion second-hand
dominé dominated
donc therefore
donner to give
dormir to sleep
le dos back
douze twelve
un drapeau flag
droite: **à droite** to the right
drôle funny
du (de + le) of (the), from (the)

e

l' eau f. water
échangé exchanged
échanger to exchange
échapper to escape **s'échapper (de)** to escape (from)
s' échouer to get stranded
une école school
l' économie f. economy, business, economics
une écorce rind
écouter to listen (to)
écrire to write
un écureuil squirrel
l' **éducation physique** f. physical education
effet: **en effet** as a matter of fact, in fact, indeed
égalé equalled
égaler to equal
égalité: **à égalité** at deuce
une église church
égoïste selfish
l' Égypte f. Egypt
égyptien (égyptienne) Egyptian
un électeur voter
un **élève, une élève** student
élevé high
éliminé eliminated
elle she, it
embellir to add beauty to
embrasse: **je t'embrasse (je vous embrasse)** all my love
une émission broadcast
émotif (émotive) emotional
un emploi job **un emploi du temps** daily schedule
un employé employee, clerk
employer to use
empoisonner to poison
emporter to bring
en to, in, as, by, made of **en hiver (été)** in (the) winter (summer)
encore still
encre: **un stylo à encre** fountain pen
endommagé damaged
un endroit place
un enfant child
s' engager to enlist

enlever to remove
un ennemi enemy
énorme huge
énormément lots
enrichir to enrich
ensemble together
entendre to hear
entendu okay
entier (entière) whole
entre between
une entrée entrance
une entreprise firm
entrer to enter, go into
entretenir to maintain
entretenu kept up
une entrevue meeting
une enveloppe wrapper, envelope
envoyer to send
épais (épaisse) thick
une épice spice
une épicerie grocery store
un épicier, une épicière grocer
une époque time
éprouver un sentiment to have a feeling
l' équateur m. equator
une équipe team
équipé equipped
une erreur error, wrong number
escalader to climb
les escaliers m. pl. stairs, staircase
une escroquerie swindle
l' espace m. space
l' Espagne f. Spain
espagnol Spanish
l' espagnol m. Spanish (language)
espérer to hope
l' esprit m. spirit
essayer to try
l' essence f. gasoline, essence
essentiel (essentielle) essential
essentiellement essentially
l' est m. east
est-ce que phrase used to introduce a question
et and
un établissement establishment
un étage floor
une étape round, episode, period
un état state
les États-Unis m. pl. United States

l' été m. summer en été in (the) summer
étrange strange
étranger (étrangère) foreign
être to be
des étrennes f. pl. New Year's gifts
l' étude f. study
un étudiant, une étudiante student
étudier to study
l' Europe f. Europe
eux them eux-mêmes themselves
évacuer to evacuate
un événement event
évidemment obviously
éviter to avoid
exactement precisely, exactly
exagérer to exaggerate
un examen exam, test
une exception exception à l'exception de with the exception of
l' excès de vitesse m. speeding
un exemple example par exemple for example, for instance
l' existence f. life
une expérience experiment
expérimenté experienced
expliquer to explain
un exploit feat
l' exportation f. exportation, exports
une exposition exhibition l'Exposition universelle World's Fair
exprimer to express
un extrait extract

f

une fabrique factory
fabriqué made
fabriquer to make, produce
facile easy
un facteur mailman
faim: avoir faim to be hungry
faire to make, do faire + sport to play faire attention à to be careful of faire le tour (de) to go around faire partie de to be part of faire un tour de to go for a (short) walk or ride faire une promenade to go for a ride

faisant: en faisant attention paying attention

fait (*p. part of* **faire**) made

fait: il fait . . . degrés it's . . . degrees **il fait froid** it's cold (weather) **il fait noir** it's dark out **il fait nuit** it's night **tout à fait** completely

les **faits divers** *m. pl.* general interest stories

fameux (fameuse) famous

familial (of the) family

une **famille** family

la **farine** flour

faut: il faut one needs, one must, it is necessary

faux (fausse) false **un «faux ami»** false cognate **un faux numéro** wrong number

favori (favorite) favorite

favoriser to favor, further

félicitations! congratulations!

une **femme** woman, wife

une **fenêtre** window

le **fer** iron

fermer to close

une **fête** holiday, feast, name day, party, celebration **la Fête des Mères (Pères)** Mother's (Father's) Day

un **feu** fire **au feu!** fire! les **feux d'artifice** fireworks

une **feuille** leaf **une feuille de papier** sheet of paper

une **fève** bean

février February

le **filet** net

une **fille** girl

un **film** movie **un film d'aventures** adventure movie

la **fin** end

finalement finally

financer to finance

les **Finances** *f. pl.* Treasury

finir to finish

fixe fixed

une **flamme** flame

une **fleur** flower

fois times

une **fois** time, once

le **football** soccer

la **force** force, energy

une **forêt** forest

une **forme** form **être en forme** to be in good shape

formel (formelle) formal

former to form

fort strong

une **foule** crowd

un **four** oven

une **fourchette** fork

frais (fraîche) fresh

une **fraise** strawberry

franc frank, open

un **franc** franc (*French monetary unit*)

français French

le **français** French (*language*)

un **Français, une Française** French person

la **France** France

francophone French-speaking

un **frère** brother

froid cold **il fait froid** it's cold (weather)

un **fromage** cheese

une **frontière** border

fumer to smoke

furieux (furieuse) furious

g

gagner to win, earn

une **galette** round, flat cake

un **garçon** boy, waiter

garder to keep

un **gâteau** cake **le gâteau aux poires** pear cake **le gâteau aux prunes** plum cake

un **Gaulois** person from Gaul (*former name of France*)

le **gaz carbonique** carbonic gas

gèle: il gèle it's freezing, it freezes

généralement generally

généreux (généreuse) generous

Genève Geneva (*city in French-speaking Switzerland*)

les **gens** *m. pl.* people

un **géranium** geranium

gigantesque gigantic

la **glace** ice cream, ice **la glace à la cerise** cherry ice cream **la glace au citron** lemon ice cream

gouverné governed
grâce à thanks to
graisser to grease
une gramme gram
grand tall, big, large, great un
grand titre headline
un grand-père grandfather
un Grec Greek
une grenouille frog
une grille grid
grimper to climb
gris gray
gros (grosse) fat
une grotte cave
une guerre war la Première Guerre
mondiale World War I
la Seconde Guerre mondiale
World War II

h

s' habiller to dress
un habitant inhabitant
une habitation residence
habiter to live
une habitude habit
habituellement habitually
une hache axe
halte à . . . no more . . ., an end
to . . .
haut tall, high avoir . . . de
haut to be . . . high de haut
tall en haut at the top
une hauteur height de hauteur in
height
hélas alas, unfortunately
l' herbe f. grass
hésiter to hesitate
une heure hour à . . . heure(s) at
. . . (o'clock) à l'heure early,
per hour être à l'heure to
be on time
heureusement fortunately
heureux (heureuse) happy
heurter to bump into
hier yesterday
l' histoire f. history
une histoire story
historique historical
l' hiver m. winter en hiver in
(the) winter

hollandais Dutch
un homme man
un homme politique politician
honnête honest
l' honneur m. honor
une horloge clock
l' hôtellerie f. hotel business
huit eight
une huître oyster
humeur: la bonne humeur good
spirits
humoristique humorous
un hypermarché large supermarket

i

ici here, this is
idéaliste idealistic
une idée idea
il he, it
il y a there is, there are il y a
+ time time ago il n'y a
pas de there's no il n'y a
pas de mal there's no harm
une île island
illégalement illegally
illuminé illuminated, lit up
illuminer to illuminate, light up
illustre famous
illustrer to illustrate
ils they
imité imitated
imiter to imitate
immédiatement immediately
l' immensité f. immensity, vastness
immigré immigrant
inauguré inaugurated
inconnu unknown
un inconnu unknown (person)
l' Inde f. India
indien (indienne) Indian
indiquer to indicate
indispensable indispensable,
essential
un infirme handicapped person
l' informatique f. computer science
s' informer (sur) to find out (about)
un ingénieur engineer
inquiet (inquiète) worried
inscrit entered, enrolled
insolite odd

installer to install

un instant moment, just a moment

interdire to forbid, refuse

intéressant interesting

s' intéresser (à) to concern

l' intérieur m. interior

un intrus intruder

intuitif (intuitive) intuitive

inventé invented

invité invited

irascible short-tempered

un iris iris

l' Irlande f. Ireland

irremplaçable irreplaceable

irriter to irritate

Israël m. Israel

israélien (israélienne) Israeli

issu: être issu de to be from

l' Italie f. Italy

italien (italienne) Italian

l' italien m. Italian (language)

j

j' (see je)

jamais: ne . . . jamais never

janvier January

le Japon Japan

japonais Japanese

un jardin garden

le jasmin jasmine

jaune yellow

je I

un jeu (pl. jeux) game

jeudi m. Thursday

jeune young

la joie joy

joli pretty

jouant: en jouant by playing

jouer to play jouer à + sport to play

un joueur, une joueuse player

un jour day il fait jour it's day-time, it's light out tous les jours every day un jour de congé day off

un journal (pl. journaux) newspaper un marchand de journaux newspaper vendor

joyeusement joyously

joyeux (joyeuse) joyous joyeux anniversaire! happy birthday!

juillet July

juin June

une jupe skirt

le jus juice le jus d'orange orange juice le jus de pamplemousse grapefruit juice

k

un kilo(gramme) kilo(gram)

un kilomètre kilometer

l

l' (see le, la)

la the, her

là here, there ce . . . là that

là-bas there, over there

un lac lake

laisser to leave

le lait milk

une langue language

un lapin rabbit

laquelle which

large wide

la largeur width

la lavande lavender

le the, it le (vendredi) on (Fridays)

une leçon lesson

la lecture reading

légende: de légende legendary

léger (légère) light

un légume vegetable

le lendemain next day

lent slow

lentement slowly

les the

leur their, to them

un lézard lizard

libérien (libérienne) Liberian

un libraire, une libraire bookstore owner, bookseller

une librairie bookstore

lieu: avoir lieu to take place

limité limited

la limonade lemon soda

lire to read
lisez read
lisiblement legibly
un **lit** bed
un **litre** liter
littéraire literary
un **livre** book
une **livre** pound
local (*pl.* **locaux**) regional
logique logical
logiquement logically
loin far
un **loisir** leisure-time activity
Londres London
long (longue) long **avoir . . . de long** to be . . . long
longtemps (for) a long time
la **longueur** length
lourd heavy
lu (*p. part of* **lire**) read
lui him, to him, to her, himself
lumineux (lumineuse) lighted
lundi *m.* Monday
la **lune** moon
lutte: en lutte contre struggling against
un **lycée** high school
Lyon Lyons (*city in south-central France*)

m

ma my
un **maçon** bricklayer
Madame Madam, Ma'am, Mrs.
Mademoiselle Miss
un **magasin** store
mages: les rois mages *m. pl.* the Three Wise Men
magique magical
magnifique magnificent
mai May
maigrir to lose weight
une **main** hand **à la main** in the hand
maintenant now
un **maire** mayor
une **mairie** city hall
mais but
une **maison** house

un **maître** master **maître de vous** self-controlled **un maître-parfumeur** master perfume maker
une **maîtresse de maison** lady of the house
mal poorly, badly **faire mal à** to hurt **il n'y a pas de mal** there's no harm
la **maladie** sickness
malheureux (malheureuse) unhappy, sad
malhonnête dishonest
manger to eat
manier to handle
une **manière** way
manifester to demonstrate
un **manoir** manor house
manquer to miss
un **manteau** coat
le **marbre** marble
un **marchand, une marchande** merchant, storekeeper, dealer, vendor **un marchand de journaux** newspaper vendor
marchander to bargain over
une **marchandise** piece of merchandise
un **marché** market **bon marché** inexpensive **un marché aux puces** flea market
marcher to walk, step (on), work, function, be (turned) on
mardi *m.* Tuesday
une **marguerite** daisy
se **marier** to get married
la **marine** navy
une **marque** score, brand
marquer to score, mark
Marseille Marseilles (*city in southern France*)
un **marteau** hammer
masqué masked
un **match** game, match
un **matériau** material
maternel (maternelle) native
la **matière plastique** plastic
un **matin** morning **le matin** in the morning
mauvais bad **il fait mauvais** the weather is bad
la **mécanique** mechanics

meilleur better **le meilleur** best

un **mélange** mixture

mélanger to mix

même same, very, if

une **mémoire** memory

menacer to threaten

merci thank you

mercredi *m.* Wednesday

Mercure *f.* Mercury

une **mère** mother

une **merveille** wonder

mes my

la **messe** Mass

des **messieurs** *m. pl.* gentlemen

une **mesure** measurement

mesurer to measure, be . . . tall

un **métal** (*pl.* **métaux**) metal

méthodique methodical

méticuleux (méticuleuse) meticulous

un **mètre** meter

mettre to put, put on

un **meuble** piece of furniture

mexicain Mexican

le **Mexique** Mexico

midi noon

mille (one) thousand

un **millier** about one thousand

des milliers thousands

un **million (de)** million

un **millionième** millionth

un **mimosa** mimosa *(shrub with small white or pink flowers)*

un **ministre** minister, secretary

minuit midnight

un **mixeur** blender

une **mobylette** moped, motorbike

moi me

moins less, minus

un **mois** month

mon (ma; mes) my

Monaco *principality on the Mediterranean coast in the south of France*

le **monde** world

mondiale world

la **monnaie** change

Monsieur (M.) Mr.

un **monsieur** (*pl.* **messieurs**) gentleman, man

une **montagne** mountain

monter dans to get on, get into, go up to **monter sur** to climb on

une **montre** watch

un **morceau** piece

mort (*p. part of* **mourir**) dead

la **mort** death

un **mort** dead person

mortel (mortelle) mortal

un **mot** word **un mot apparenté** cognate

un **mot-croisé** crossword puzzle

un **moule à gâteau** cake pan

des **moustaches** *f. pl.* mustache

moustachu with a mustache

un **moustique** mosquito

la **moutarde** mustard

un **mouton** sheep

moyen (moyenne) average

le **Moyen Âge** Middle Ages

le **muguet** lily-of-the-valley

multiplié multiplied

des **munitions** *f. pl.* ammunition

un **mur** wall

musclé muscular

un **musée** museum

une **mystification** hoax, practical joke

n

nager to swim

la **naissance** birth

une **nappe** tablecloth

la **natation** swimming

les **Nations Unies** United Nations

nautique: le ski nautique water-skiing

né (*p. part of* **naître**) born

ne . . . jamais never

ne . . . pas not

ne . . . personne not . . . anyone

ne . . . que only

nécessairement necessarily

neige: il neige it's snowing, it snows

n'est-ce pas? don't you? right?

nettoyer to clean

neuf (neuve) new

neutre neutral

neuvième ninth

un **nez** nose
ni (ne . . . ni) or, nor
Nice *resort city of the French Riviera*
niveau level
Noël *m.* Christmas
noir: il fait noir it's dark
une **noix** nut
un **nom** name
un **nombre** number
nombreux (nombreuse) numerous, many
nommé named
nommer to name
le **nord** north
notre (*pl.* **nos**) our
nous we
nouveau (nouvelle, nouvel; nouveaux) new
la **Nouvelle-Angleterre** New England
nuages: il y a des nuages it's cloudy
la **nuit** night **il fait nuit** it's dark out, it's nighttime
un **numéro** number

o

un **objet** object, thing
obligatoire required
obligé obliged, forced
obtenir to get, obtain
occasion: d'occasion second-hand
occupé occupied, busy
s' **occuper de** to take care of
une **odeur** odor, smell
un **oeuf** egg
une **oeuvre** work, creation **un chef-d'oeuvre** masterpiece **une oeuvre d'art** work of art
offrir to offer
oh là là! oh dear!
un **oiseau** (*pl.* **oiseaux**) bird
on one, you, they, people, we
une **once** ounce
un **oncle** uncle
onze eleven
opposé opposite
l' **or** *m.* gold
un **ordinateur** computer
un **ordre** order **en ordre** in order

organisé organized
orner to decorate
ou or
où where, on which, when
oublier to forget
l' **ouest** *m.* west
oui yes
un **outil** tool
une **ouverture** opening
un **ouvrier** worker

p

pacifique peaceful
le **pain** bread
la **paix** peace
un **pamplemousse** grapefruit
un **panier** basket
la **panique** panic
un **panneau** (*pl.* **panneaux**) sign
un **pantalon** pair of pants
une **papeterie** stationery store
un **papetier, une papetière** stationery store owner or seller
le **papier** paper
Pâques *m.* Easter
un **paquet** pack, packet, bag
par per, by **par exemple** for example, for instance
regarder par to look out
un **parapluie** umbrella
parce que because
un **pare-choc** bumper
paresseux (paresseuse) lazy
parfois sometimes
la **parfumerie** perfumery
une **parfumerie** perfume shop
un **parfumeur, une parfumeuse** perfume maker, perfume seller
un **Parisien** Parisian
le **parking** parking, parking lot
parlé spoken
parler to speak
parmi among
un **partenaire** partner
participer to participate
particulier particular, specific, special **en particulier** in particular
une **partie** part **faire partie de** to be part (a member) of

partir to leave
pas not **ne . . . pas** not
non pas not **pas du tout** not at all
un **passager** passenger
le **passé** past **le passé composé** compound past tense
passer to pass, come by, go by, go, spend *(time)*, to take *(a test)*, to go for
passionner to captivate
une **pastèque** watermelon
une **pâte** batter
le **patin à glace** ice skating
une **pâtisserie** pastry shop
un **pâtissier, une pâtissière** pastry cook, baker
le **patrimoine** heritage
une **patte** leg, paw
un **pays** country
une **pêche** peach
peindre to paint
un **peintre** painter
la **peinture** painting, paint
une **pelle** shovel
pendant during **pendant longtemps** (for) a long time
pénétrer to enter
une **pensée** pansy
penser (à) to think (about)
un **pépin** pit
un **perdant** loser
perdre to lose
un **père** father
le **péril** peril, danger
un **perroquet** parrot
un **personnage** character
une **personne** person **ne . . . personne** not . . . anyone
peser to weight
petit short, little **les petites annonces** *f. pl.* want ads
un **petit-enfant** grandchild
le **pétrole** oil, petroleum
peu little, few, a short time, not very **un peu de** a little of, some
un **peuple** people
la **peur** fear
peut: on peut one can
peut-être maybe, perhaps

une **pharmacie** pharmacy, drugstore
une **philosophe** philosophic
une **phrase** sentence
une **physique** physical
la **physique** physics
physiquement physically
une **pièce** coin
un **pied** foot
la **pierre** stone
piloter to fly (a plane)
une **pince** pliers
un **pinceau** (*pl.* **pinceaux**) (paint)brush
une **pioche** pickaxe
un **pique-nique** picnic
une **piscine** pool
une **piste** track
un **pistolet** pistol
une **pivoine** peony
une **place** position
une **plage** beach
une **plaisanterie** joke
plaît: s'il te (vous) plaît please
une **planche** board
la **planche à voile** wind-surfing
une **plante** plant **une plante verte** green plant
un **plat** dish
plein full
pleut: il pleut it's raining, it rains
le **plomb** lead
plus (de) more **le (la) plus** the most
plusieurs several
le **poids** weight
un **point** point, dot
une **poire** pear
un **poisson** fish
poli polite
la **politesse** politeness, courtesy
politique political **un homme politique** politician
la **politique** politics
le **polonais** Polish *(language)*
une **pomme** apple
une **pomme de terre** potato
la **ponctualité** punctuality
ponctuel (ponctuelle) punctual, on time
porter to bring
poser to put, ask *(a question)*
se poser to land

la	**poste** post office	
un	**poste de télévision** TV set	
un	**pot** jar	
le	**poulet** chicken	
	pour in order to, for	
	pourquoi why	
	pourtant however, nevertheless	
	pouvoir to be able, can	
	pratique practical	
	pratiqué practiced, played	
	pratiquement practically	
	précieux (précieuse) precious	
	préféré favorite	
la	**préhistoire** prehistory	
	premier, première first	
	prendre to take, have **prendre contact** to get in touch	
	prendre part à to take part in	
	préparé prepared	
	près close **près de** near	
le	**présent** present, present tense	
un	**présent** present, gift	
	presque almost	
un	**presse-orange** orange squeezer	
	presser to squeeze	
	prestigieux (prestigieuse) prestigious	
	prêt ready	
	prêter to lend	
	prier to beg	
un	**principe** principle	
	pris (*p. part of* **prendre**) caught, took	
la	**prise** seizing	
	privé private	
un	**prix** prize, price	
	probablement probably	
	prochain next	
	produire to produce	
un	**produit** product	
un	**professeur** teacher, professor	
une	**profession** profession, occupation	
une	**progression** progression, advance	
un	**projet** plan **des projets d'avenir** plans for the future	
une	**promenade** ride **faire une promenade** to go for a ride, take a walk	
	promis (*p. part of* **promettre**) promised	
	protéger to protect	
	prouver to prove	

	provoquant resulting in	
	provoquer to cause	
	prudent cautious	
une	**prune** plum	
	pu (*p. part of* **pouvoir**) was able	
la	**publicité** advertising	
	puis then	
un	**pull** pullover	

q

	quand when	
un	**quart** fourth, quarter, quart **. . . heure(s) et quart** quarter past . . .	
un	**quart de finale** quarter final	
le	**Quartier Latin** Latin Quarter (*section of Paris*)	
	quatorze fourteen	
	quatre four	
	que that, than, what **est-ce que** *phrase used to introduce a question* **ne . . . que** only	
	qu'est-ce que what	
	quel (quelle) what, which	
	quelque some, a few	
	quelque chose something	
	quelqu'un someone	
	qu'est-ce qu'il y a? what's the matter?	
une	**queue** tail	
	qui which, that, who	
	quitter to leave	
	quittez: ne quittez pas hold on	

r

	raconter to tell	
du	**raisin** grapes	
des	**raisins secs** *m. pl.* raisins	
une	**raison** reason	
	rapide rapid, fast	
	rapidement rapidly	
	rarement rarely, seldom	
un	**rateau** rake	
un	**rayon** department	
	réagir to react	
	réaliser to realize, achieve, accomplish	
	réaliste realistic	
	réalité: en réalité in reality	
une	**recette** recipe	

recevoir to welcome
rechercher to look for
des **recherches** *f. pl.* research
un **récit** account
recréer to recreate
récupérer to recuperate, recover
réel (réelle) real
regarder to look at, watch
une **règle** rule
regretter to be sorry
une **reine** queen
rejoindre to join
relativement relatively
religieux (religieuse) religious
une **remarque** remark
remarquer to notice, observe
remercier to thank
remettre en état to put back in
shape
remplacer to replace
une **rencontre** meeting
rencontrer to meet
un **rendez-vous** date
rendre to render, return **rendre**
visite to visit *(a person)* **se**
rendre compte to realize
rentrer to go home
les **réparations** *f. pl.* repairs
réparer to repair
un **repas** meal
répondant: en répondant by
answering
répondre to answer
une **réponse** answer
se **reposer** to rest
représenté represented
la **République** the French Republic
un **requin** shark
réservé reserved
résider to reside
la **résine** resin
respirer to breathe
une **restauration** restoration
restaurer to restore
rester to stay, remain
un **résultat** result
retard: avoir ... de retard to be
... late **être en retard** to be late
un **retour** return
retourner to go back
retransmettre to broadcast

réussir to succeed
une **réussite** success
un **rêve** dream
le **Réveillon** Christmas Eve dinner
revenir to come back
un **rêveur** dreamer
revoir: au revoir good-by
révolté revolted
rire to laugh
un **risque** risk
Rocheuses: les Montagnes
Rocheuses *f. pl.* Rocky Moun-
tains
un **roi** king
romain Roman
un **Romain** Roman
rond round
une **ronde** round
le **roquefort** Roquefort (cheese)
rose pink
une **rose** rose
rouge red
rouler to drive
une **route** route, road
roux (rousse) redheaded
une **rue** street
russe Russian
le **russe** Russian *(language)*
la **Russie** Russia

s

sa her, one's
un **sac** bag
sacrifier to sacrifice
sage well-behaved
sais: je ne sais pas I don't know
une **saison** season
une **salle** room
saluer to salute
salut hello
samedi *m.* Saturday
sans without
la **santé** health **à votre santé!**
to your health! **en bonne**
santé in good health
sauf except
saupoudrer to sprinkle
un **saut** jump **le saut en hauteur**
high jump **le saut en**
longueur broad jump

sauter to jump
sauver to save
un **savant** scientist
savoir to know (how)
la **scène** stage
une **scie** saw
une **science** science **les sciences économiques** economics **les sciences naturelles** natural science(s) **les sciences sociales** social science(s)
un **sculpteur** sculptor
sec dry
un **sécateur** pruning shears
la **Seconde Guerre mondiale** World War II
secours: au secours! help!
le **Seigneur** the Lord
seize sixteen
seizième sixteenth
le **sel** salt
une **semaine** week
sembler to seem
le **Sénégal** Senegal
sénégalais Senegalese
un **sens** meaning, sense
un **sentiment** sentiment, feeling
sentir to smell
séparer to separate
sept seven
une **série** series
sérieux (sérieuse) serious
un **serpent** serpent, snake
un **service** favor, service **rendre un service** to do a favor
une **serviette** napkin
servir (à) to serve (as), be used **se servir** to serve oneself
ses his, hers, its
seul alone, by myself
seulement only
un **short** (pair of) shorts
si if **si oui ou non** whether or not
un **siècle** century
signalé reported to be
signaler to signal, report
signer to sign
une **signification** meaning
signifier to mean
simplement simply

un **singe** monkey
situé located
le **ski** skiing **le ski nautique** water-skiing
une **soeur** sister
soi: chez soi at home
soif: avoir soif to be thirsty
un **soir** evening **à ce soir** see you tonight
le **sol** ground
un **soldat** soldier
le **soleil** sun **il y a du soleil** it's sunny
solo: en solo solo, alone
un **sommet** top
un **son** sound
sonner to ring (to announce)
sonore full, rich
sortir to go out, come out
soudain suddenly
souhaits: à vos souhaits! bless you!
sous under, in
le **souvenir** remembrance
un **souvenir** memento
souvent often
soviétique Soviet
soyez . . .! be . . .!
spécialement specially
spécialisé specialized
un **spectacle** spectacle, form of entertainment
un **spectateur, une spectatrice** spectator
sportif (sportive) sportive, who likes sports, athletic
un **stade** stadium
une **station-service** service station
la **sténo** shorthand
Strasbourg *city in northeast France*
studieux (studieuse) studious
un **stylo** pen **un stylo à bille** ball-point pen **un stylo à encre** fountain pen **un stylo-feutre** felt-tip pen
le **sucre** sugar
le **sud** south **l'Amérique du Sud** South America
suisse Swiss
la **Suisse** Switzerland

suivant following
suivre to follow
un sujet subject
la superficie (surface) area
un supermarché supermarket
sur on, over
sûr sure **bien sûr** of course
une surboum party
une surprise-partie party
surtout above all, especially
survoler to fly over
le système métrique metric system

t

un tableau (*pl.* **tableaux**) painting
la taille height
tard late
une tasse cup
un taureau (*pl.* **taureaux**) bull
technique technical
la télé TV
téléphoner to phone
téléphonique telephone
un téléspectateur, une téléspectatrice
TV spectator
un témoin witness
une tempête storm
le temps time, weather **un
emploi du temps** daily schedule
la teneur (en) amount (of)
tenez hold
une terminaison ending
la terminale *twelfth school year in
France, last year of lycée*
terminer to end
le terrain terrain, ground **un
terrain de camping** campground
un terrassier ground digger
la terre land
terrestre land
terrifié terrified
une tête head **une tête de mort**
skull and crossbones
têtu stubborn
un timbre stamp
timide timid, shy
titre: **un grand titre** headline
la toilette grooming
des toilettes *f. pl.* toilet, restroom
tolérer to tolerate

tomber to fall
une tonne ton
tort: **avoir tort** to be wrong
une tortue tortoise
le total total **au total** in total
totalement totally
toujours always
un tour circular path, circuit, lap,
turn, trick **à votre tour** it's
your turn **faire le tour (de)**
to go around **faire un tour**
to go for a (short) walk or ride
jouer un tour to play a trick
78 tours 78 RPM
une tour tower **une tour de contrôle** control tower
un tournevis screwdriver
un tournois tournament
Tours *city in west-central France*
la Toussaint All Saints' Day
tout everything, all **tout à fait**
completely **tout le monde**
everyone **tout un** a whole
tous (toutes) every, all **tous
les jours** every day
traditionnellement traditionally
le transport transportation
transporter to transport, carry
un travail (*pl.* **travaux**) job **la fête
du Travail** Labor Day
travailler to work
les travaux manuels *m. pl.* shop
une traversée crossing
traverser to cross
très very
trois three
troisième third
trop too
une troupe troop
trouver to find **se trouver** to
be found
le turc Turkish *(language)*

u

un, une a, an, one
une unité unit
un ustensile utensil
usuel (usuelle) everyday
utile useful
utilisant: **en utilisant** by using
utiliser to use

V

les **vacances** *f. pl.* vacation
vague empty
un **vainqueur** winner
la **valeur** value
vaniteux (vaniteuse) conceited, vain
la **vapeur** steam
vendre to sell
vendredi *m.* Friday
venir to come **venir de +**
infinitive to have just
vent: il y a du vent it's windy
une **vente** sale
le **verre** glass
vers around
Versailles *suburb of Paris*
verser to pour
vert green
une **veste** jacket
les **vêtements** *m. pl.* clothing
veux: je veux I want
une **victime** victim, casualty
une **victoire** victory
la **vie** life
la **Vierge Marie** Virgin Mary
vieux (vieil, vieille; vieux) old
la **vigueur** vigor, strength
une **ville** city
un **vin** wine
Vincennes *suburb of Paris*
vingt twenty
vingtième twentieth
violet (violette) purple
une **visite** visit, checkup **rendre**
visite à to visit *(a person)*
vite quickly, fast

une **vitesse** speed **un compteur de**
vitesse speedometer
vivre to live
des **vivres** *m. pl.* food supplies
voici this is, here's
voir to see
un **voisin** neighbor
une **voiture** car
une **voix** voice
un **vol** theft
voler to fly
un **voleur** thief
un **volontaire** volunteer
la **volonté** will
votre your
vouloir to want, be willing
vous you, yourself **vous-même**
yourself
un **voyage** trip **bon voyage!**
have a good trip!
voyager to travel
vrai true
vraiment really

W

un **week-end** weekend **le week-**
end on the weekend, on (the)
weekends

Y

y there **il y a** there is, there are
le **yaourt** yogurt
des **yeux** *m. pl.* eyes

Z

zut! darn!

Photo credits

Bettmann Archive 121, 128, 147; Stuart Cohen 1–2, 5, 14, 35, 71, 124 (bottom), 130, 140; John Coletti/Stock, Boston 65; Culver Pictures 148; Paul Fortin/Stock, Boston 105; Owen Franken/Stock, Boston 73, 81, 113; Beryl Goldberg cover, 15, 145; David Kupferschmid 2, 6, 12, 18, 30, 59, 67, 107, 108, 124 (top), 151; Peter Menzel 1, 4, 16, 38, 41, 70, 85, 95, 104, 111, 122–123, 139, 144; Wide World Photos 93; Cary Wolinsky/Stock, Boston 143

Courtesy of French Embassy Press & Information Division 40 (left)

8 9 10